Fundamentos
técnicos de la vocalización belcantista.

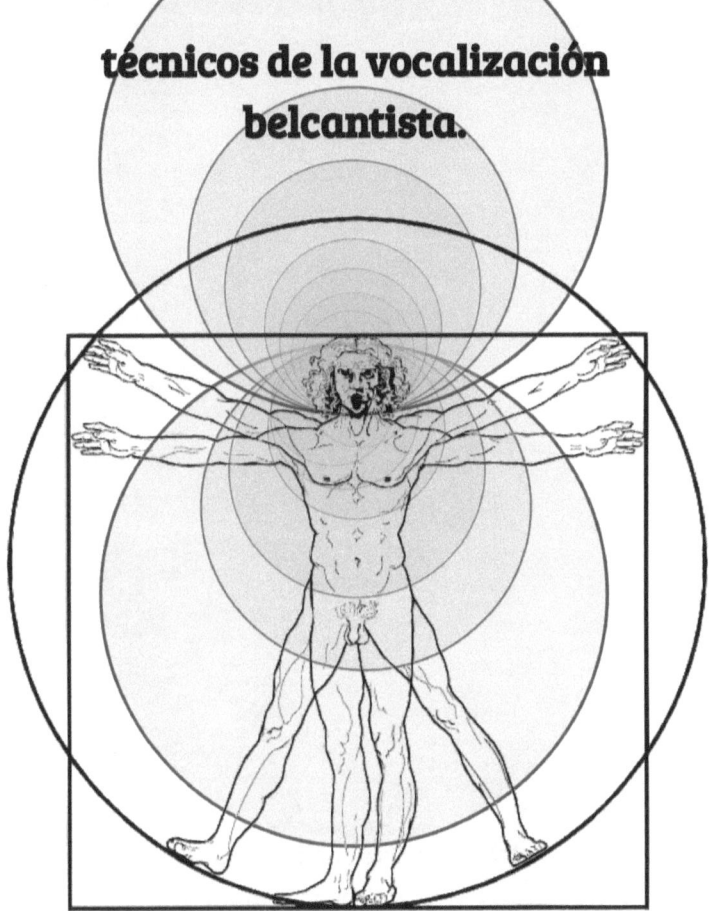

Luis Abraham Ortega Otañez

Edición junio 2024
Edición y diseño del autor, ilustraciones de dominio público.
Todos los derechos reservados para el autor

Dedicatoria

A mi querido hijo Mateo y esposa Mariana, a mi maestro José Guadalupe Briano Vazquez, a mi guía intelectual Lyndon H. LaRouche Jr. y a todo aquel que se atreva a cantar con este método.
Con todo el cariño y agradecimiento.

Atentamente: Luis Abraham Ortega Otañez

Biografía del Autor

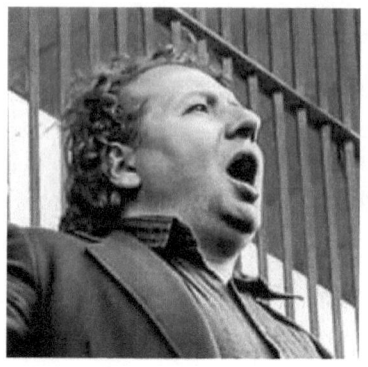

Luis Abraham Ortega Otañez nació en el año 1983 en la Ciudad de México, en el seno de una familia de clase media baja, de la recién surgida clase media. Es el último hijo del matrimonio entre Gregorio Ortega Ávila, originario de un pequeño pueblo llamado Buenavista en los límites de Hidalgo, y de Maria Luisa Otañez Celis originaria de la Ciudad de México hija de Ricardo Otañez Zamudio fundador y requinto del Trío los García y el trío Cantarrecio. Vivió su primera infancia en una casa humilde y en casa de sus abuelos en el Estado de México, en el municipio de Tlalnepantla de Baz. A los 5 años se mudo con su familia al municipio de Cuautitlán Izcalli, dondé cursó los últimos años del Kinder León Tolstoi, La Primaria Nezahualcóyotl, y la secundaria técnica 36, etapa de la cual ha hecho sus más entrañables amigos. Tomó la guitarra por primera vez en la secundaria. En el Colegio de Ciencias y Humanidades participó en el concurso "la guitarra CCHera" quedando en los primeros lugares, interpretando trova del canto nuevo. Entre 1999 y el 2002 participó de forma independiente en el movimiento de huelga estudiantil del 99. Ahí inició su sensibilidad artística, su gusto por la letras, las matemáticas, la política, la física, la psicología etc. Lo que lo llevó a elegir materias de ambas ramas ciencias y humanidades, así como a cursar una carrera técnica de laboratorista clínico, haciendo su servicio en el Hospital de la Mujer, teniendo en claro su afán por estudiar la carrera de Filosofía. Esto último lo logró, ingresando en el 2002, experimentando los cambios políticos a nivel mundial, en el 2004 se apartó del estudio académico y se involucró de tiempo completo como activista en el movimiento de jóvenes LaRouchistas. En éste hizo intervenciones asimétricas efectivas de vanguardia, como el cabildeo curul por curul, oficina por oficina, en la cámara de diputados y senadores, la defensa y promoción de la energía nuclear, el estudio, traducción y difusión de textos originales de la tradición platónica en las diversas ramas de la ciencia, principalmente en las de la física, destacando Kepler, Leibniz, Gauss, Riemann, etc.

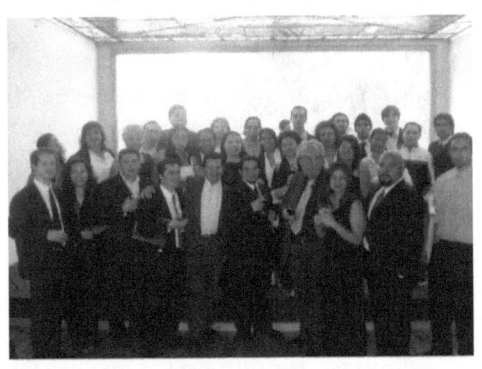

Participó también en la creación de materiales, escritos, audiovisuales pedagógicos y políticos. Organizando operaciones de difusión y conferencias en las universidades de la ciudad de México y en varios estados. Participó en exponer valientemente a las redes de poder de la oligarquía financiera mundial en México, como las redes de George Soros, La reina Isabel, y la banca internacional. Ahí también inició su gusto y primeras prácticas de bel canto, instruido por el Maestro José G. Briano y Maestra Angélica Ramirez Cruz.

Participó en el movimiento contra el fraude electoral encabezado por Andrés Manuel López Obrador, en el 2006, en el 2012 instaló el primer campamento frente al hemiciclo a Juárez en la avenida Juárez a la altura de la alameda central, que además contaba con conexión a internet satelital, para poder hacer enlaces con el movimiento a nivel mundial, enlazando voces de apoyo en

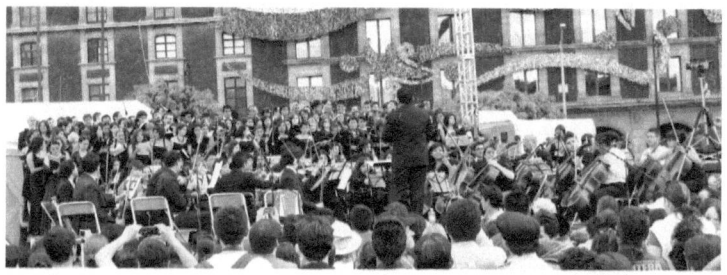

tiempo real al movimiento de resistencia pacífica, como la de Amelia Boiton Robinson, la de Jack Cheminade, Helga Zeep y Lyndon H, LaRouche. Al estar prestando dicho servicio a la sociedad en la militancia del movimiento de jóvenes LaRouchistas, durante diez años ganó el tesoro incalculable de una hermandad de amigos con los que se constituye una sociedad de ideas profundas y el amor a la humanidad, pero, como todo fin puro, no

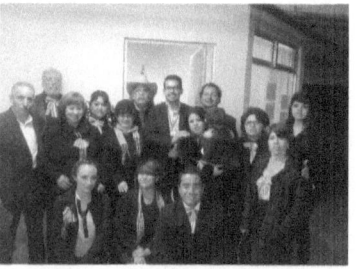

percibió ingreso alguno, experimentando una austeridad apostólica. Lo anterior lo fue separando poco a poco del activismo al canto, estando dedicado a cantar en las calles de la ciudad de méxico y de ahí a los escenarios desde el 2010 hasta la fecha. Manteniendo sus estudios autodidactas, formó parte del movimiento "Requiem por la Democracia" organizado por la Maestra Vera, formando lazos con las diversas sociedades corales que participaron. De dicho movimiento inició la formación de varios coros, el coro del Faro Salesiano, donde presentó un proyecto de un coro monumental delegacional. Posteriormente ingresó como tallerista a formar el coro del CCH plantel sur, ahí estuvo durante cinco años formando alumnos con la técnica del bel canto, mismos que hasta ahora siguen dedicándose al canto lírico. En ése periodo montó un Gloria de Vivaldi completo en compañía de la maestra y

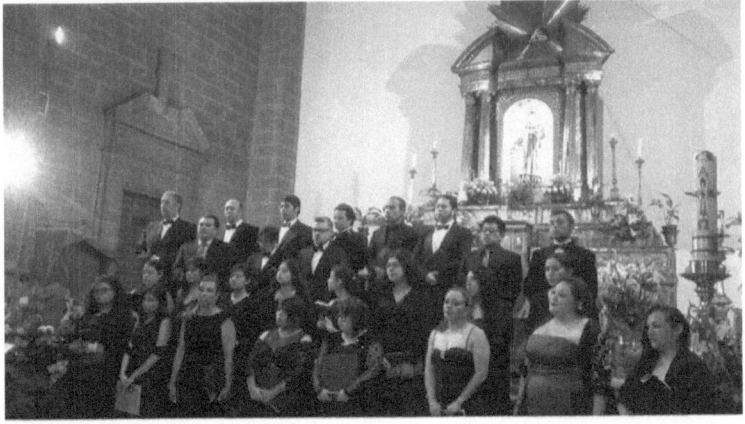

larouchista Laura Flores Patiño al piano. Posteriormente, con maestros cantantes egresados, que fue conociendo fortuitamente, en sus conciertos abiertos en las calles de la ciudad de México, formó Ensamble IO, luego Schola Antiqua, en la parroquia de San Lorenzo Diácono Martir. Organizaciones corales de las cuales surgieron durante la pandemia de COVID-19, las siguientes: Ensamble México dirigido actualmente por el Maestro Sergio Apan; la compañía Opera Andante, que colabora actualmente con WineNot?; la compañía de Zarzuela Ozimandias y finalmente el Coro comunitario Tepaneca del Barrio San Andrés en la alcaldía Azcapotzalco. Éste último es, seguramente, el principal motivo para que concluya y publique este libro lo antes posible, que sirva tanto para material didàctico como inspiraciòn a todos aquellos que se atrevieron a cantar con sus conocimientos enfrentando el temor de muchos años.

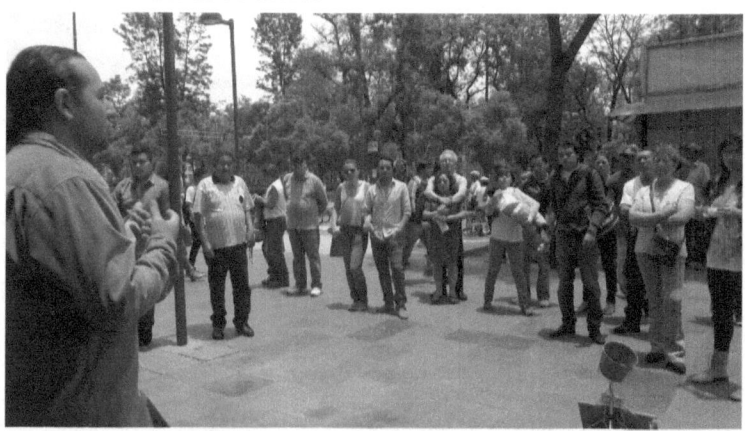

Proemio.

Estimado lector, habrá de disculpar mi osadía de escribir a la vieja usanza, con la licencia del Dios que en mi crea, temas que parecen tan estudiados y resueltos en nuestra época, que parezca sólo un necio irreverente tanto para escuelas de canto, nacionales e internacionales, agencias disqueras o productoras en todos los niveles, como por científicos que estudian, tanto la naturaleza del sonido, la anatomía y salud humana, como la reproducción de la voz humana tanto con inteligencias artificiales, cómo con aparatos quenusan la robótica y replican la morfología y la anatomía humana, el humilde resultado de mis investigaciones a la luz de los conocimientos acumulados en la práctica de la enseñanza del canto. Pero creo que, siguiendo la tradición que busca la belleza en la expresión artística del canto, sin restringirse a los criterios académicos y tomando las enseñanzas de la tradición que representan tanto mis maestros de canto, cómo la tradición de los que fueran mis asociados en la pelea por regresar a la afinación "científica" y a los métodos de composición clásica, tendremos un nicho para pelear por la salud vocal de aquellos que sigan el deseo de cantar. Aún si ése deseo se ha apagado por el rechazo a integrarse a un grupo de canto, sea coral, una banda de cualquier tipo etc., en fin hallase excluido al punto casi de no querer cantar. También si la causante del cese de su pasión por el canto fué alguna lesión mal atendida, por propio tropiezo o descuido, quizá por una mala instrucción, encontrará aquí una serie de conceptos y ejercicios que le ayudarán a recuperar y mantener la salud de la voz.

Verá que he tratado de agrupar en conceptos simples una serie de complejos problemas en la primera parte, para facilitar el trabajo en el camino del desarrollo vocal, siendo mi principal objetivo poner al alcance de todos estos conocimientos aquí condensados. Algunos de estos están diariamente comprobados por la ciencia de vanguardia y permiten imitar la naturaleza de la voz humana.

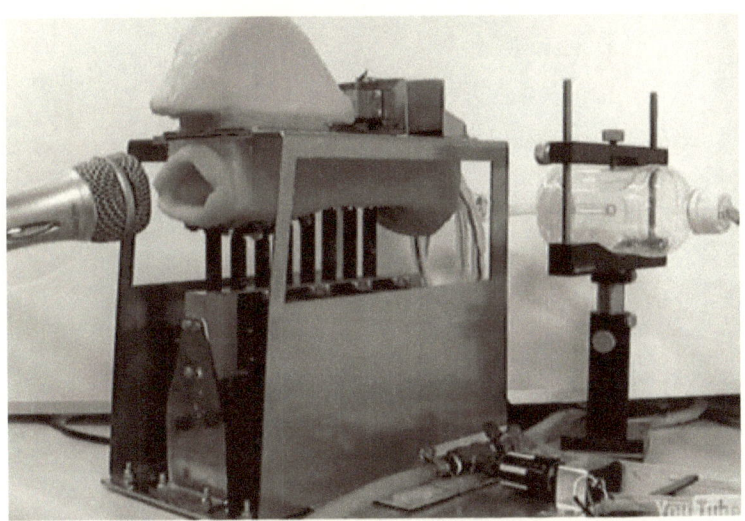

Modelo robótico de Hideyuki Sawada, de la Universidad de Kagawa, que imita la emisión de las vocales.

Advertencia

También advierto a los expertos en temas diversos aquí tratados, que, al no pretender yo quedar bien con alguna tradición académica, espero no sean tan severos como para querer condenar mis osadías, pues mi intención es recoger a todos aquellos que en el intento de dedicarse al canto fueron alejados por el rechazo de aquellos que en su momento necesitaban sacar trabajo con urgencia o calificarlos para alguna prueba, o no querían liderar con el trabajo que representaba para ellos el atenderlos. Es decir que quiero popularizar éste tipo de canto. Si bien no para ser de alto rendimiento, por lo menos sí ser capaces de ejecutar las obras, deseadas que convengan a cada voz.

Así los invito a la casa abierta al canto, donde todos son capaces de expresar, dentro de sus propias cualidades, aquellos sentimientos e ideas de las que han querido expresarse, pero han sido alejados, sea por el dominio elitista de las altas exigencias académicas o del gusto de la época, sea por el mar de producciones sonoras alejadas del fin estético de la belleza, el cual asfixia en la cotidiana indiferencia tanto al espectador, quitándole el poder ser contemplativo, cómo al intérprete, limitando a copiar lo que escucha, o como creador, atándolo al peso de la materia temática en la que las redes sociales y el gusto de la época lo determinan. Como si quedaran imposibilitados a la contemplación de las cosas con más cercanía a la Belleza, a la Justicia, a la Verdad, en fin, cegados a la tenue luz que de las estrellas se logra colar a la caverna donde se proyectan solo sombras.

Por estas razones recomiendo a los críticos la lectura integral de éste trabajo, sobre todo las partes finales, y agradeceré con todo el corazón el comentarlo para poder hacer correcciones con la ayuda de sus críticas en una segunda edición, así como hacer la Fe de erratas.

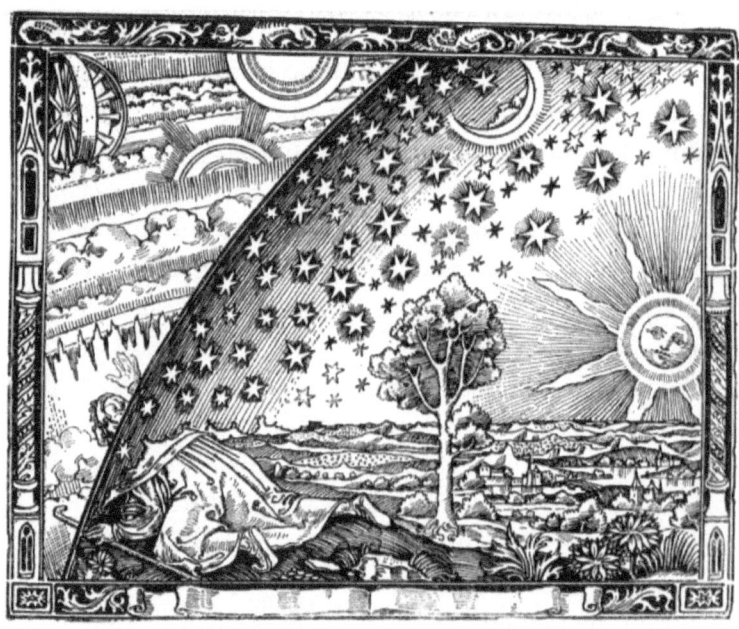

Un missionnaire du moyen âge raconte qu'il avait trouvé le point où le ciel et la Terre se touchent...

Origen del libro

Este libro nace de una doble necesidad; por un lado rescatar las bases de los estudios que dieron origen a la tradición belcantista que comprende un periodo de composición musical entre Johan Sebastian Bach y Johannes Brahms pricipalmente, su influencia en la tradición verdiana, la tradición en México, empatar su desarrollo técnico vocal hasta la actualidad con los conocimientos científicos más avanzados para reafirmar los conceptos que fundamentan dicha tradición; mientras, por otro lado, elaborar una serie de prácticas vocales que ayudarán a la enseñanza efectiva, librandola de tantas malas prácticas que terminan confundiendo a maestros y alumnos. Sea que sigan una tradición o un estilo específico, o tantos videotutoriales que dan consejos que por lo general no son acertados para todos los casos.

Ambos senderos, la tradición y la técnica, se irán cruzando paulatinamente como en un mapa donde vamos construyendo ubicaciones familiares como conceptos básicos, y las reglas simples para dar instrucciones de cómo ir de un lugar a otro sin perderse.

Origen del gusto por la ópera

Iniciaré contándoles que mi amor por la ópera y su tradición belcantista, surgió de una casualidad que refrescara mi memoria de un seco recuerdo. Seguramente pasajes de experiencias auditivas inconscientes y quizá algunas más conscientes pero vagas, cuando el internet pintaba sus albores en las redes telefónicas con programas de intercambio como napster. Pero definitivamente si tengo un recuerdo vívido de haber descargado en los primeros meses de mis estudios en la carrera de filosofía el aria *Sempre Libera* de la ópera la *Traviata* de *Giuseppe Verdi*. También tengo fresco el encuentro fortuito con el movimiento larouchista en los pasillos de la Facultad de Filosofía y Letras de la UNAM,. encuentro que narro en *El Alcatraz*, fueron todos estos estos "encuentros fortuitos".

Sin embargo el desarrollo de la técnica aquí expuesta viene principalmente del trabajo que hicieran los asociados al finado economista Lyndon H- LaRouche Jr. en la elaboración de los "A Manual on the rudiments of tuning and registration" (Un manual sobre los rudimentos de la entonación y registración). En ellos se hace una argumentación científica y artística, a manera de ensayos y artículos, de las composiciones del periodo que antes mencionamos, de Bach a Brahms, para regresar a la afinación defendida por el compositor y legislador Giuseppe Verdi cercana a un Do central de 256 hz., en un LA de 432 hz., así como también regresar al sistema bien temperado, como al uso de la voz cantada de la tradición belcantista. Dicha investigación se basó en el periodo en que desarrollará sus estudios anatómicos Leonardo Da Vinci, influenciado la técnica vocal desde Italia al mundo, hasta los más recientes en los que participó su equipo de colaboradores en la década de 1980.

En esas investigaciones hechas por el instituto Schiller asociado a LaRouche, participó mi maestro José G. Briano en su visita a Italia. También añado a este trabajo una aportación mía que resuelve cómo cantar a pesar del problema del reflujo gastrointestinal, pudiendo desarrollar la técnica vocal sin necesidad de operarse de la hernia hiatal. También elaboré una monografía con las bases conceptuales resumidas en cinco reglas generales. Reglas sobre las cuales se desarrollará todo el material técnico y didáctico de éste libro.

Introducción

Este libro es para aquellos que desean aprender a cantar sin importar su edad, nivel de estudios o nivel de práctica. Los ayudará a entender los fundamentos del canto, a corregir su camino, y con paciencia ver los resultados de su trabajo en el tiempo que sea necesario a cada quien. Será una herramienta práctica también para quien deseé dedicarse a enseñar a cantar a alumnos, y enseñar a enseñar a otros que tengan el mismo noble oficio de ser técnicos vocales o entrenadores vocales.

Está dedicado a distintos niveles de comprensión basado en los intereses de cada lector. Y ya que ahora todo es un diálogo abierto; los comentarios y cuestionamientos bien podrán constituir una segunda edición.

En la primera parte trataremos de forma superficial los fundamentos y nos concentramos en la instrucción, tanto en la parte práctica como en la teórica. Es decir serán axiomas y consejos, para encaminar los ejercicios mentales y fisiológicos que sirven para entrenar al alumno. Será a manera de charla y no de una estructura rígida. Los conceptos habrán de tomarse con mucha fé en ésta primera sección y habrán de tratarse con mayor precisión en las siguientes partes del libro.

Sin embargo serán expuestos los ejercicios fundamentales para ejercitar el conjunto de aparatos que interactúan para cantar, resumidos en la extensión vocal correspondiente a las seis principales tipos de voces adultas y para las dos afinaciones principales: la más usada en la actualidad La 440 hz. cómo en la defendida por Giuseppe Verdi y sus seguidores la 432 hz.

Para terminar incluiré una biografia corta de mi maestro vocal, y un obituario del economìsta que me encaminó por en la búsqueda de la belleza, el dialogo por la paz, y la colaboración para el desarrollo de cada país y región del planeta, buscando el bien común entre todas las culturas del mundo, el señor Lyndon H. LaRouhe Jr. Todo esto por razones prácticas lo he reducido a modo de breviario y como auxiliar pedagógico, espero que en un futuro no muy lejano pueda continuar y concluir el proyecto con la profundidad que pretendía.

También he agregado deliberadamente hojas en blanco para que escribas notas, apuntes o formules preguntas que te sean útiles

Ventajas

También tengo que escribirles sobre las ventajas de esta técnica vocal. Para aquellos que se aventuran tanto en el aprendizaje como en la enseñanza de esta técnica, podrán desarrollar la capacidad para cantar, teniendo claras sus aspiraciones artísticas. Podrán identificar cada escollo en cada caso particular, en el curso de la instrucción. Podrán encontrar el gusto por el belcanto para que descarten las ideas que han anclado sus preferencias sólo a lo popular del momento y abrazar con amor la búsqueda de la belleza antes que cualquier otra categoría estética acostumbrada.

Desarrollarán la fuerza y vigor, la extensión completa de su voz segùn su tesitura, y podrá tener una base firme, que es la técnica vocal, sobre la cual regresar a la salud, si se aventura a prácticas que ponen en riesgo su salud vocal.

La belleza es un ministerio. Mi maestro decía que el Bel canto es el sacrificio de todo por la belleza.
La técnica funciona tanto para la voz cantada cómo hablada, así que verá reflejado en su manera de hablar y expresarse los resultados.

División del libro

Índice

Dedicatoria... 2
Biografía del Autor... 3
Proemio... 8
Introducción... **19**
    Impostación.. 28
    Definición simplísima... 31
        Cajas de resonancia.. 34
        Conexión.. 37
        Equilibrio de la voz.. 40
        Apoyo de la voz... 43
        Nasalización.. 45
        La relajación... 48
        La naturaleza del sonido................................... 51
        Registro de la voz.. 53
    Cinco reglas generales.. 60
Ejercicios de vocalización básicos........................... **65**
El ciclo de la práctica vocal correcta........................ **68**
Higiene.. **82**
    Salud integral médica.. 86
Anexos.. **88**
    Biografía... 88
    OBITUARIO.. 91

Instrucción

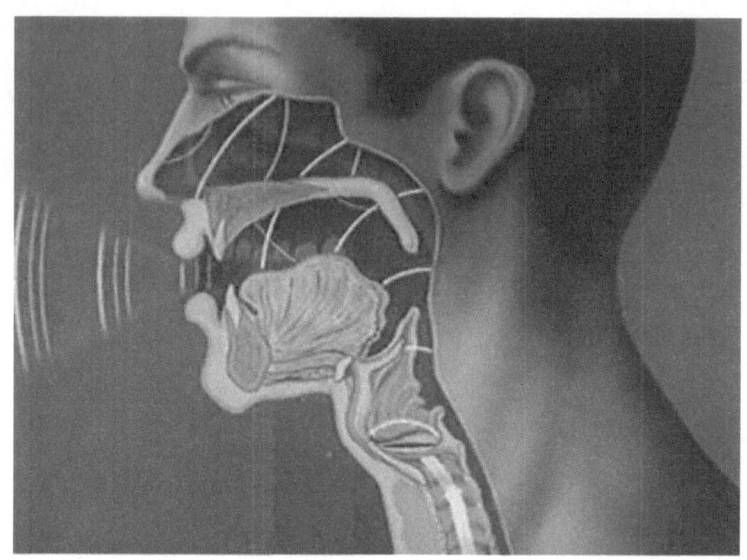

Primera charla

Fundamentos de la instrucción.

Para comenzar haremos una charla amena, al estilo y con las bases conceptuales de mi maestro, José G. Briamo, al cual no le gustaba dar conferencias, y sin embargo sus clases se convertían en clínicas amenas pero especializadas. De esa manera hablaremos de la impostación y otros conceptos básicos así cómo la anatomía del cuerpo humano, en ésta primera fase, para entender de manera general los ejercicios que se mostrarán a continuación.

Si ya tiene una noción del canto, deténgase en la **definición simplísima**, que le será de sumo interés y utilidad, después continúe a la sección de ejercicios. Pero si tiene dudas o es nuevo, atienda toda la **charla primera**.

Impostación

La impostación es una técnica vocal fundamental en el canto y la actuación teatral que permite a los artistas proyectar su voz con claridad, fuerza, proyección, es la base de todas las demás técnicas de canto. La palabra "impostación" proviene del latín "imposta", que significa "colocación" o "poner encima" y es, también, el soporte que conecta un arco y una columna, con el tiempo se fue traslapando con otros términos italianos como impositus, que viene de imponer, imponerse ante un público. En el contexto de la técnica vocal, la palabra se refiere a la colocación adecuada de la voz en el cuerpo (aparato fonador) para lograr una resonancia óptima y eficiente. Es decir: la colocación de la columna de aire en el arco de la nariz.

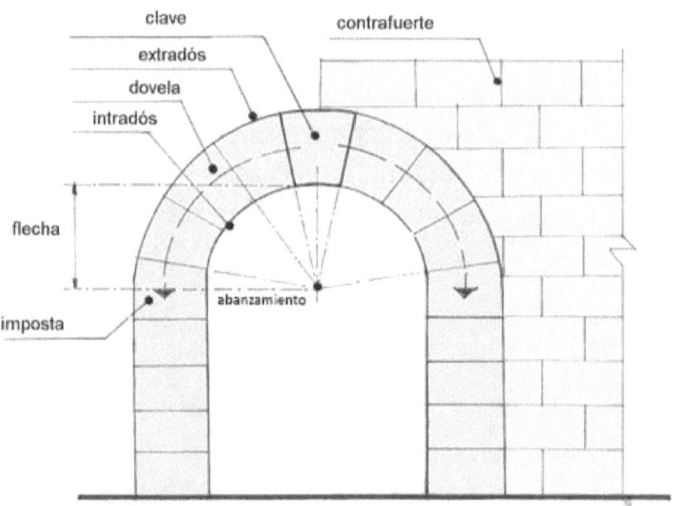

El uso de la impostación vocal en la música y el teatro se remonta a la antigüedad. En la Grecia clásica, los actores utilizaban técnicas vocales para proyectar su voz en grandes espacios al aire libre, como los teatros al aire libre, anfiteatros, ágoras, etc.. En la Edad Media, los cantantes de las iglesias desarrollaron técnicas vocales para cantar en coro y para cantar como solistas en grandes catedrales, donde la acústica era un factor importante para la amplificación, pero fue Leonardo Da Vinci quién estableció los primeros fundamentos técnicos con sus estudios anatómicos, lo que permitió que pudiera incrementarse la resonancia sin disminuir la belleza vocal.

Con el tiempo, la técnica de impostación vocal evolucionó en la ópera italiana, donde se convirtió en una técnica refinada y altamente valorada. En la ópera, la impostación vocal es esencial para transmitir emociones y crear personajes convincentes. Los cantantes de ópera deben tener un dominio completo de su voz y deben poder proyectarla sobre la orquesta y la audiencia en un teatro.

La técnica es extendida a muchas formas y tradiciones vocales en la actualidad, hay muchas definiciones del concepto impostación y escuelas que enseñan la técnica de impostación, algunos abogan por evitarla, sin embargo aquí partiremos de la siguiente pequeña definición, que se apega a la tradición belcantista antes mencionada.

El bel canto, es "el sacrificio de todo por la belleza", por lo que es menester buscar la mejor y más bella emisión del cantante. Ya hablaremos también de la filosofía estética que sustenta esta tradición, por el momento continuamos la charla con la definición simplísima.

Definición simplísima.

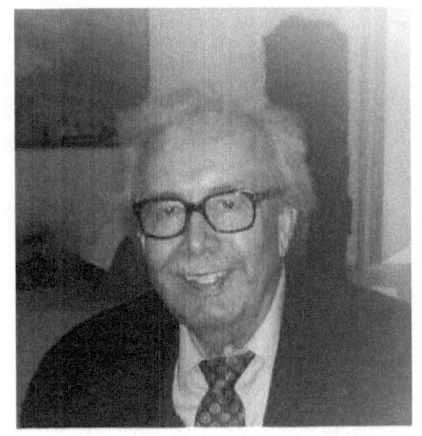

La siguiente definición es muy importante, sea amable, y ponga toda su atención en aprenderla y memorizarla.. Será de una utilidad incalculable, es un preciado tesoro para poder cantar y mejorar continuamente su manera de cantar. La técnica vocal llamada impostación viene de una tradición italiana conocida cómo belcanto, la explicaremos a partir de ésta definición mínima que es legado del maestro Jose. G. Briano y la denominaba como simplísima: "**Cuando todas las cajas de resonancia funcionan simultáneamente mediante la llamada conexión se adquiere la mejor voz del cantante**".

Esta diminuta definición está repleta de conceptos escondidos a desentrañar de los cuales hablaremos más adelante, pero, así, tal cual, es como un mantra que puede repetirse para aclarar cualquier duda o el error en el que se incurra al cantar.

Ya sea el alumno, el intérprete o el maestro, al ejecutar las emisiones vocales sabrá identificar que hay que corregir, toda vez que tengamos por fin la belleza, como es el fin de la tradición belcantista o mínimo la salud, cómo es el deseo de cualquiera que quiera cantar. Así hablaremos brevemente a continuación de cada uno de estos conceptos: caja de resonancia, función simultánea, conexión, tipos de voz cantante.

Cajas de resonancia

De manera general, todos tenemos en nuestra anatomía cavidades que funcionan como una caja hueca, donde el sonido se amplifica, igual que en los instrumentos de cuerda encontramos una caja de madera. Al conjunto de estas cajas se le conoce como aparato resonador y al usarse plenamente parece como si tuviéramos un micrófono integrado. La voz suena potente, viajando a varios metros de distancia, cómo habrás atestiguado en los pregones en las plazas, calles y hasta en los transportes públicos, sobrepasando el ruido de fondo y puede sobrepasar hasta dos orquestas. De alguna forma, encuentran los pregoneros, con la imitación, un acomodo que les permite pregonar por horas sin lastimarse. Son desafortunados los que no logran acomodar la voz terminando roncos o afónicos. Por eso distinguimos la **instrucción** de la práctica de **imitación**. La imitación es una facultad más despierta en los primeros años de vida que sin embargo no nos da los mejores resultados siempre, y la instrucción corregirá en los primeros años de la educación los rumbos errados que tomó en aprendizaje por la imitación.

Dividimos en por el momento en dos partes para facilitar el reconocimiento de las cajas de resonancia. Al conjunto de cajas de resonancia en el rostro las llamaremos **máscara**, tal como lo hicieron los italianos por la forma que tenían las máscaras venecianas, aquí se amplifican mayormente las notas agudas. El segundo conjunto lo ubicamos el pecho, que es la caja **torácica**, formada de huesos y músculos, dónde están nuestros pulmones y el corazón, ahí es dónde se amplifican mejor las notas graves.

Observa la ilustración para ubicar las cajas y puedes auxiliarte de un diapasón para colocarlo en dónde se indican o usar tus dedos a manera de pequeños martillos para percutir en cada sitio.

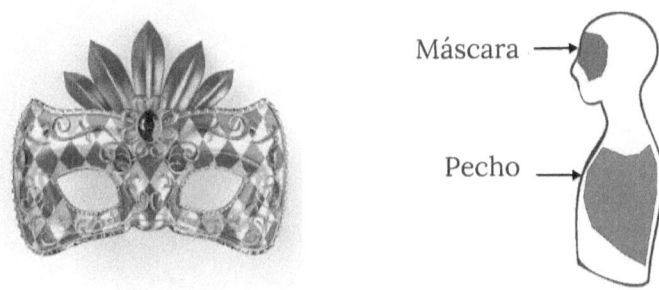

Usar una sola o ninguna caja para resonar era considerado en el pasado un defecto, hoy puede considerarse un estilo de tantos que hay. Si prestas atención a estás cosas podrás imitar las voces de los cantantes populares, pero, si usas todos los recursos a la vez, sonará tu timbre único, personal, la belleza propia de tú voz. Así que la belleza, felizmente, resulta del conjunto de todos los defectos a la vez, si lo ves con otra perspectiva. (Para adentrarte más ve a la sección 2 y 3.)

Conexión

Para lograr usar todas las cajas de resonancia se requiere conectar el sonido mediante el proceso de **cerrado** de la voz. Está **conexión** se logra cuando las cuerdas vocales, que están en la tráquea se mantienen vibrando sin hacer contacto entre sí, logrando proyectar toda la presión hacia fuera. Semejante a los labios de un globo, cuando dejamos liberar el aire tensando y aflojando en distintas intensidades, encontramos un sonido continuo. Observamos entonces algo muy semejante a lo que ocurre con nuestras cuerdas vocales, si están flojas o muy tensas chocan generando resistencia a qué escape el aire, a que pase el sonido libremente. Pero cuando encontramos el equilibrio el sonido no cambia.

El "**cerrado**" de la voz se logra ejecutando vocales llamadas cerradas como son principalmente: "e", "i", "u", de forma relajada. Ya que existe el riesgo de que al **tensar** demasiado las cuerdas vocales se aprieten. Si fuera éste el caso usaremos las vocales abiertas "a" y "o" , en lugar de las cerradas para desapretar. La emisión de las vocales tiene que ver con un acomodo interno, y no externo como se acostumbra enseñar en el habla común. de ese acomodo hablaremos más adelante, por el momento acostumbrarnos a instruir a nuestro cuerpo para que todas las vocales suenen igual será suficiente, así lograremos el llamado **equilibrio de la voz**.
Por lo tanto, ya sea que estén flojas y **abiertas** o muy estiradas y **apretadas** las cuerdas tenderán a lastimarse,

por lo que usaremos en el calentamiento de la voz, las vocales abiertas "a" y "o" para desapretar y las cerradas "e", "i", "u" para cerrar. Como cantamos sobre las vocales se les llaman ejercicios de vocalización.

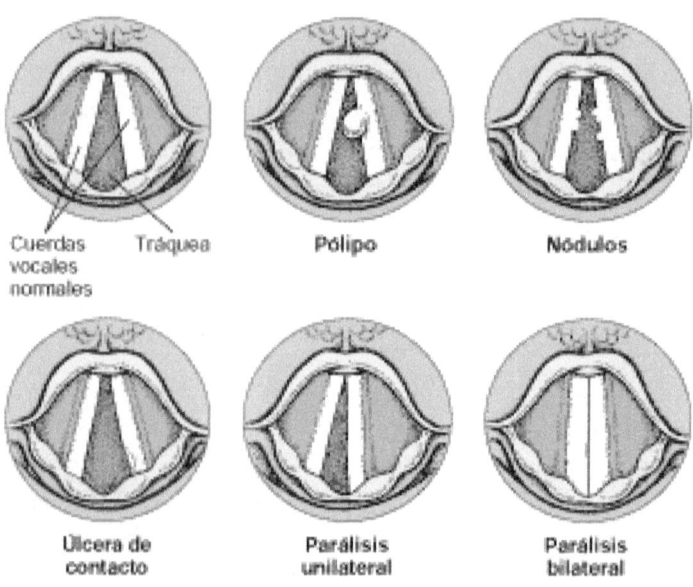

Ejemplos de lesiones en las cuerdas vocales.

Equilibrio de la voz

Este es un tema de la tensión de las cuerdas. Aprenderemos a emitir todas las vocales con la misma tensión en las cuerdas vocales requerida para cada nota, practicando la emisión de todas las vocales de una forma semejante entre sí, con los ejercicios en este primer capítulo. Con la práctica el alumno logrará emitir todas las vocales sin hacer ningún gesto. Ahora acostumbramos a gesticular porque aprendimos a imitar, e imitando a hablar, por lo que debemos desaprender un poco ese camino. Lograremos ejecutar todas las vocales cerradas y abiertas con un mismo timbre, y a lo largo de todos los **registros vocales y** con la misma tensión muscular.

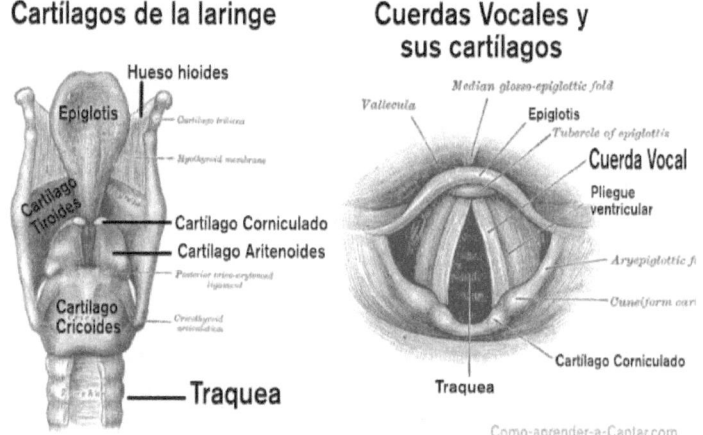

Necesitamos alguien que nos escuche, o grabarnos, para identificar el sonido de una y otra vocal, cuando la "A" y la "O" están muy abiertas gritamos, y el sonido pierde potencia; cuando la "E", la "I", o la "U" se aprietan el sonido se ahoga. Entre más subimos en las escalas musicales, tensamos más, por lo que para lograr el equilibrio de la voz también tendremos que relajarnos. Los ejercicios de equilibrio de la voz ayudan, yendo de la vocal más cerrada a la más abierta, si se requiere cerrar la voz, y, de la más abierta a la más cerrada si se necesita abrir, siempre siguiendo el curso de la primera vocal exitosa. Por ejemplo, ir de la "A" a la "I" si está apretada, o de la "I" hacia la "A" si está abierta. Con todo esto además requerimos de la fuerza para cada nota distinta, y esto se logra con el desarrollo de la fuerza del diafragma, con el **apoyo de la voz.**

Apoyo de la voz.

El apoyo lo es todo, sin apoyo no hay nada. El diafragma es el músculo que tiene mayor contacto con otros músculos y huesos, divide la caja torácica de las vísceras, cómo el corazón no descansa. Es el fuelle que infla y desinfla como un fuelle nuestros pulmones que son sumamente delicados. También es el músculo principal para cantar ya que al exhalar creamos una columna de aire, a través de la tráquea hacia la boca y nariz. Y es capaz de hacer vibrar estos pequeños pliegues musculares que son nuestras cuerdas vocales con mucha fuerza y velocidad. También puede vibrar con un exceso de fuerza, Imaginen la tremenda fuerza del diafragma incidiendo contra las cuerdas vocales. Por lo que el apoyo requiere que esa fuerza reduzca su resistencia y se conecte la energía sonora a todas las cajas de resonancia para amplificarse. Éste es el apoyo de la voz, y sin él no hay nada. Sin la fuerza requerida para dar una nota, se alcanzará apenas una más baja y viceversa el exceso de fuerza evitará la emisión de las notas bajas.

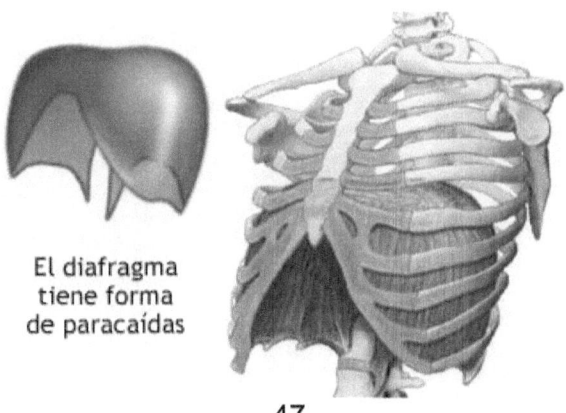

El diafragma tiene forma de paracaídas

Nasalización

Para alcanzar a llevar el sonido a todas las cajas de resonancia se requiere pues desarrollar la fuerza del diafragma. El control de la fuerza. También es necesario identificar las cajas de resonancia, y activar los músculos que nos permiten llevar el sonido hacia esas cavidades, para ello primero buscaremos cantar hacia la consonante "N", ya que es nasal, nos conduce al arco de la nariz. Es decir practicaremos la **nasalización**.

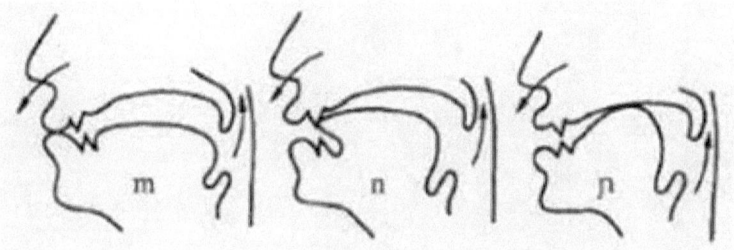

Hay varias consonantes que nos ayudan a llevar el sonido a esa dirección: la N,M,L,Ñ,R,D,Y. Estas consonantes son nasales, apuntan hacia el paladar duro en dirección a la nariz. Esto aplica para cualquier idioma, ya que tienen sus consonantes semejantes. Si hay vicios como confundir la N nasal, con un sonido similar a la G en la parte trasera de la lengua pueden usarse las consonante dentales que se dirigen hacia el frente como la S, T, D, B, V, F, Z, P, y sus combinaciones. A todos estos sonidos consonantes les llamamos ataques, y su objetivo es direccionar la voz para librar la presión de las cuerdas vocales.

Generalmente nos encontraremos con voces abiertas, por lo que usaremos ejercicios con los fonemas Ni, Ne. De ser el caso contrario usaremos los fonemas Na, No. Reservaremos el uso del fonema Nu, para el caso de las notas agudas preferentemente. Las razones las trataremos más adelante, por ahora expondremos a continuación el tema de la **relajación**, ya que no solo hay tensiones del diafragma y de las cuerdas vocales, sino de todos los músculos implicados.

La relajación

"Entre más se cante de esta forma la voz estará más descansada". Mi maestro J. G. Briano decía que la forma de verificar que la técnica correcta es que el cantante después de cantar se siente en mejor condición de cantar.

Para que esto suceda, se requiere relajar las tensiones, tanto musculares como mentales. Aunque los nervios son comunes en todos al cantar por sentir que nos exponemos al público y podemos ser juzgados, debemos entender que no siempre estaremos en nuestra mejor condición. Si hemos hablado mucho o cantado de manera errónea habrá un agotamiento, cómo en cualquier ejercicio. Sin embargo al tener el acomodo correcto el cuerpo hace un avance en sus capacidades de ejecución en lugar de lesionarse.

El ejemplo ideal de la relajación buscada la podemos encontrar en el bostezo. ¡Bostece!, notará que es contagioso. Bostezando, estamos relajando todos los músculos implicados en la respiración y en el canto, excepto el diafragma. Al ser este un reflejo involuntario tendremos que hacer consciente paulatinamente cada aspecto de su ejecución.

Al igual que en la ejecución de cualquier instrumento musical o herramienta de trabajo, la ejecución de los movimientos correctos correspondientes al diseño del cuerpo dan como resultado el fortalecimiento de los músculos, la flexibilidad de los mismos, así como el dominio y maestría en la ejecución, la técnica de impostación desarrolla las formas más eficientes de ejecución, a tal grado que te puede proteger, y si alguna forma distinta de canto abordas siempre puedes regresar a esta para aliviar tus molestias y hasta, en compañía del médico, ser una terapia efectiva para sanar o rehabilitar la voz.

Existen muchas técnicas de relajación que abordaremos más adelante, en éste capítulo pondremos solo algunos ejercicios, que todos ellos tienen que ver con la respiración. Cada respiración debe ser relajante y nutritiva. Muchos se preguntan ¿cómo debo respirar?, la respuesta es: de la manera más eficiente, tanto por la nariz como por la boca. Y han de saber también que cantamos sobre el aire que exhalamos con la energía del aire que inhalamos. Esto se conoce como **Sul fiato**. Esa energía la transferimos al diafragma como movimiento y finalmente como sonido. Por eso entre más relajados mayor eficiencia tendremos al cantar. Expondremos algunas características de la naturaleza del sonido para finalmente exponer cinco reglas de oro que te servirán de guía toda la vida.

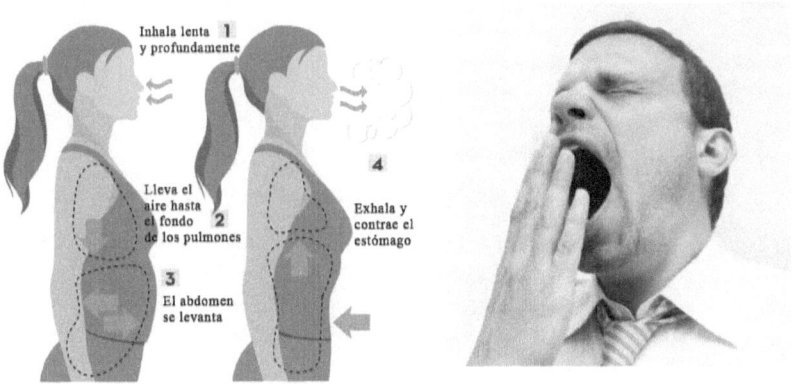

La naturaleza del sonido.

El sonido es la propagación de ondas mecánicas que se desplazan por un medio. Medimos la frecuencia de las ondas sonoras en hercios (Hz), en ciclos por segundo y nuestro oído escucha frecuencias entre 20 hz y 2000 hz.

En el canto el aire, es el medio por el cual se propagan las ondas sonoras. Dada la naturaleza del sonido, encontramos que a mayor frecuencia se alcanzan tonos más agudos y a menor frecuencia más graves. Según sea la constitución de la tráquea y el tamaño y forma de las cavidades que sirven de resonadores, son las características de la voz del cantante. El sonido en el estudio de la música se descompone en intensidad, tono, timbre y duración. Pero en el canto distinguimos el timbre por su color, tesitura y textura. El color indica el desarrollo vocal, se dice blanca a una voz principiante. La tesitura identifica el tipo de voz, infantil o adulta, y la textura tanto a las características propias del timbre único del cantante como al género.

Podemos agrupar por lo general las tesituras en dos grupos infantiles y adultas, las infantiles con 3 tipos principales y las adultas con seis. Habrá otras secundarias que se tratarán más adelante. Para estos nueve tipos expondremos un cuadro de los cambios de registro tanto en la afinación en un Do 256 hz, aproximadamente en un La 432 Hz tanto como para un la 440 hz.

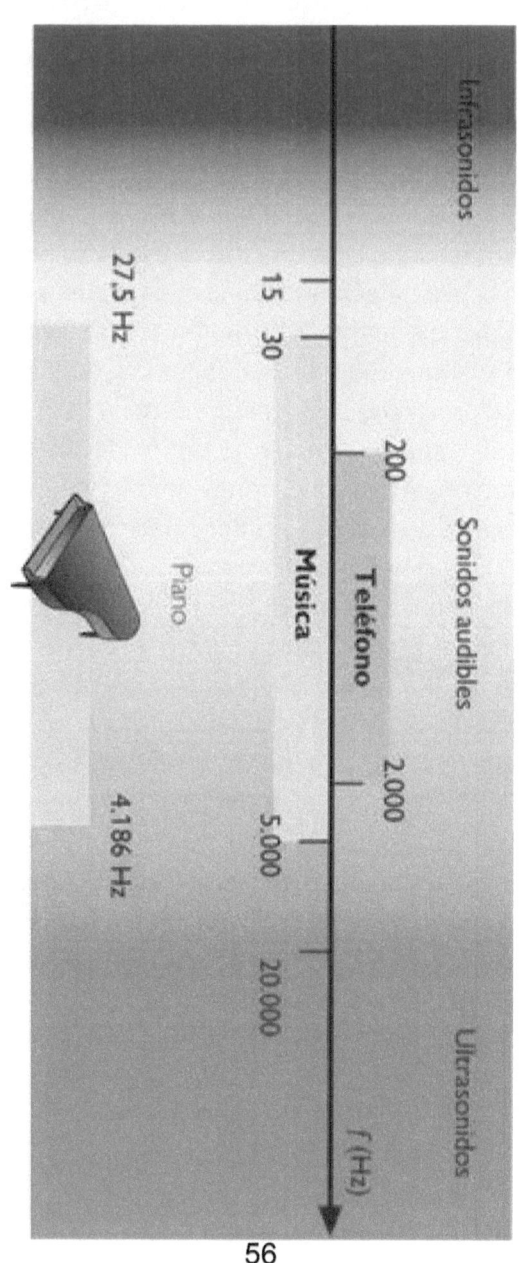

Registro de la voz

En la población adulta por lo general podemos encontrar tres seis tipos de voces principales que podemos nombrar de la más aguda a la más grave de la siguiente manera: soprano, alto, contralto, tenor, barítono y bajo. Las voces infantiles pueden tener tesituras semejantes a las femeninas, pero tienen otras limitantes, principalmente las que tienen que ver con la maduración del tejido muscular.

Todas las voces tienen por lo menos 3 registros que corresponden con el predominio de cada una de las cajas de resonancia; en el registro agudo predomina la resonancia en la máscara, en el central en el paladar duro hacia los dientes superiores y en el pecho o caja torácica el registro grave. La idea de registro proviene del cambio de las tablillas en los órganos tubulares que dejaban libres o bloqueaban ciertos tubos, en los instrumentos de cuerda podemos verlo en cada conjunto de cuerdas, unas más gruesas que otras, unas encordadas y otras lisas, en los instrumentos de aliento se tapa o se libera un edificio opuesto cortando el tubo de esa forma, o con extensiones que cambian el tamaño de los tubos. En fin, en la voz sucede algo semejante, la tráquea se mueve de arriba hacia abajo en distintos rangos según el registro, a la par que tensa las cuerdas según el tono, si es un tono más agudo estarán más tensas. Por lo cual diremos que el **registro** es "**un conjunto de notas que se emite bajo un mismo procedimiento técnico.**"

En la actualidad hay muchas técnicas que usan algunos recursos pero no deja de ser una voz blanca, lo que se producen son ataques que le dan timbres, no color, texturas tímbricas que son imitables en las diversidad de géneros populares y comerciales. Cómo mencionamos antes, la mayoría están usando solo el resonador medio y usan **falsetes** para extender la emisión de las notas más allá de los registros de cada voz. Incluso hay una extensión que le llaman de silbido y se hace con un grito controlado antes de que se apriete la voz. Sin embargo tienen un fin expresivo que no busca la belleza como categoría estética.

En el esquema de la siguiente página describe el cambio de registro para las tesituras adultas en una afinación de un La de 432 hz aproximadamente correspondiente a un Do de 256hz. Cuidado, no confunda los registros entre las afinaciones.
En la actualidad se acostumbra una afinación un poco más alta en un La de 440 hz, lo cual genera tensiones en los pasajes o **passaggi** de todas las voces y reducen el registro central. Eso lo explicaremos más adelante, por ahora en el primer capítulo dejaremos ejercicios para ambos casos.

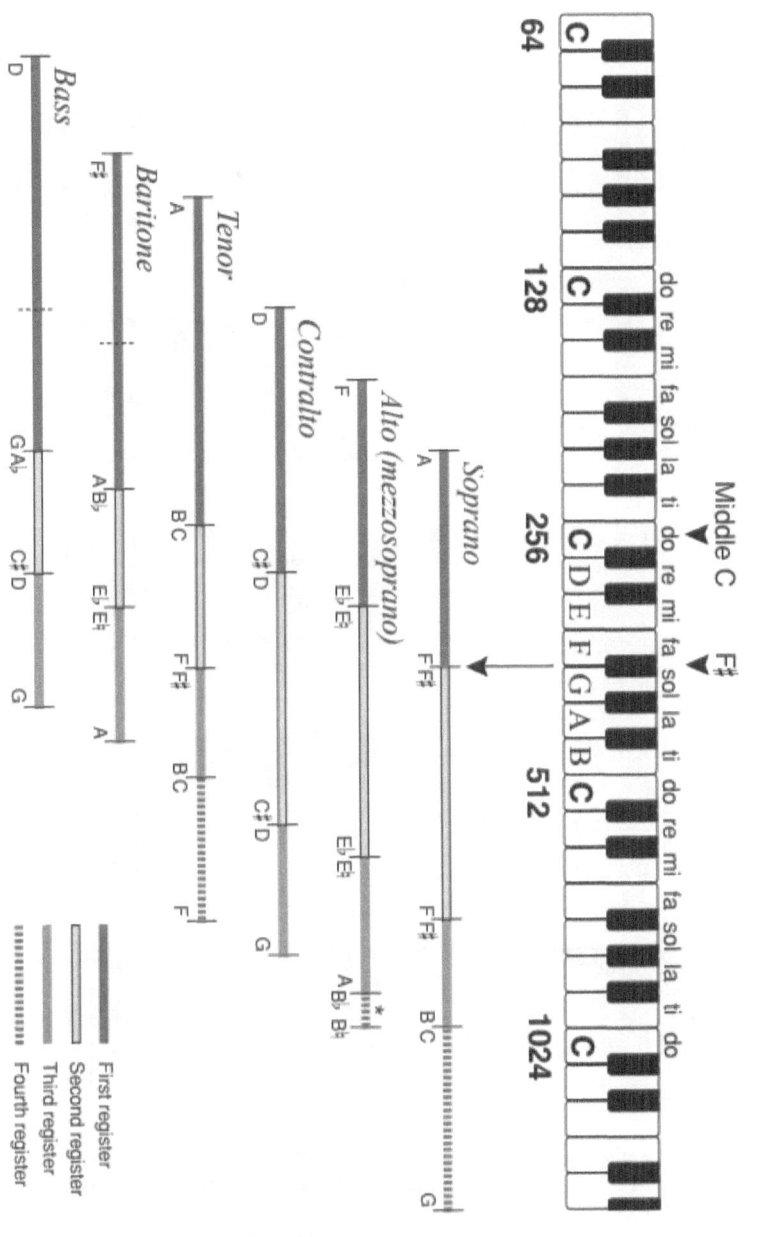

Registros Vocales de las 6 principales Voces Adultas en LA440Hz

Soprano

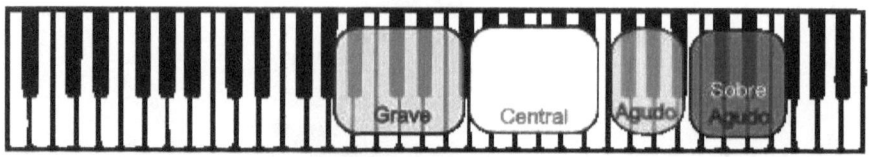

Mezzo soprano

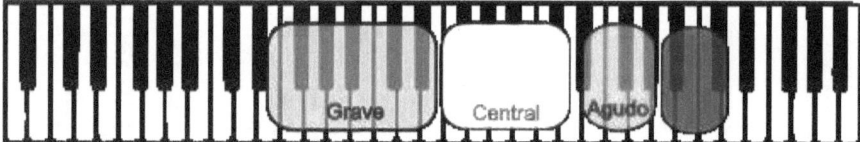

Contralto

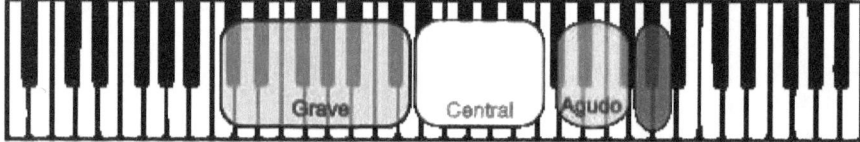

Tenor

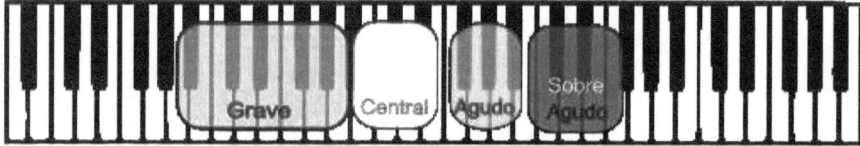

Barítono

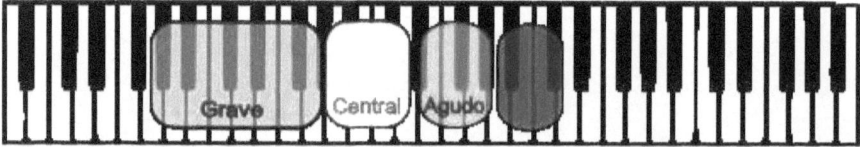

Bajo

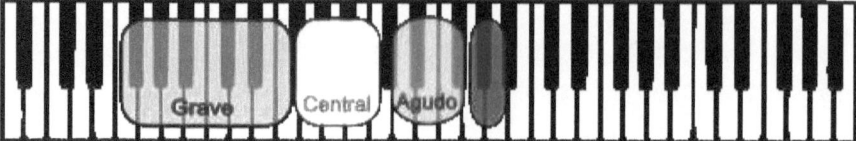

El passaggio

El **passaggio** o pasaje de la voz, es la transición de un registro vocal a otro, y es semejante a los cambios de velocidad en un carro o una bicicleta, donde hay un cambio de engranes que generan más o menos tensión según el tamaño entre ellos, según si sube o si baja por una cuesta, etc. Esto se debe a la naturaleza misma de las ondas sonoras, las cuales tienen límites en el medio en el que se propagan. Así que hay movimientos hacia arriba y hacia abajo en nuestra laringe, para enfocar mejor la resonancia en los distintos registros. Esto puedes observar en los instrumentos de aliento, del instrumento, mi preferido es el silbato que usan los payasos con un dispositivo que cambia el tono de forma continua y puede imitar el movimiento de las aves también. Estos movimientos 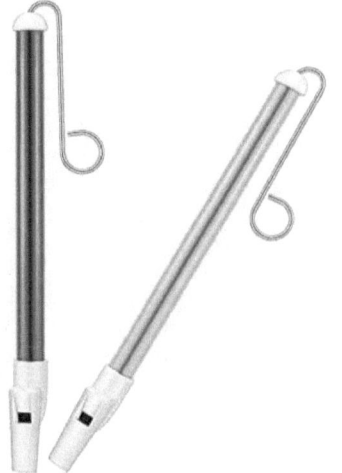 enfocan la resonancia hacia el pecho en las notas graves, hacia la parte baja de la máscara en las notas centrales y hacia la parte frontal en la máscara. En el caso de los sobre agudos, regresa a la posición más baja. Por ahora no ahondaremos más, estamos listos para ver las **cinco reglas** que recomendamos y en el segundo capítulo hablaré de mis descubrimientos sobre el tema y su relación con algunos padecimientos clínicos. Les dejo una ilustración de Leonardo Da Vinci en un estudio anatómico.

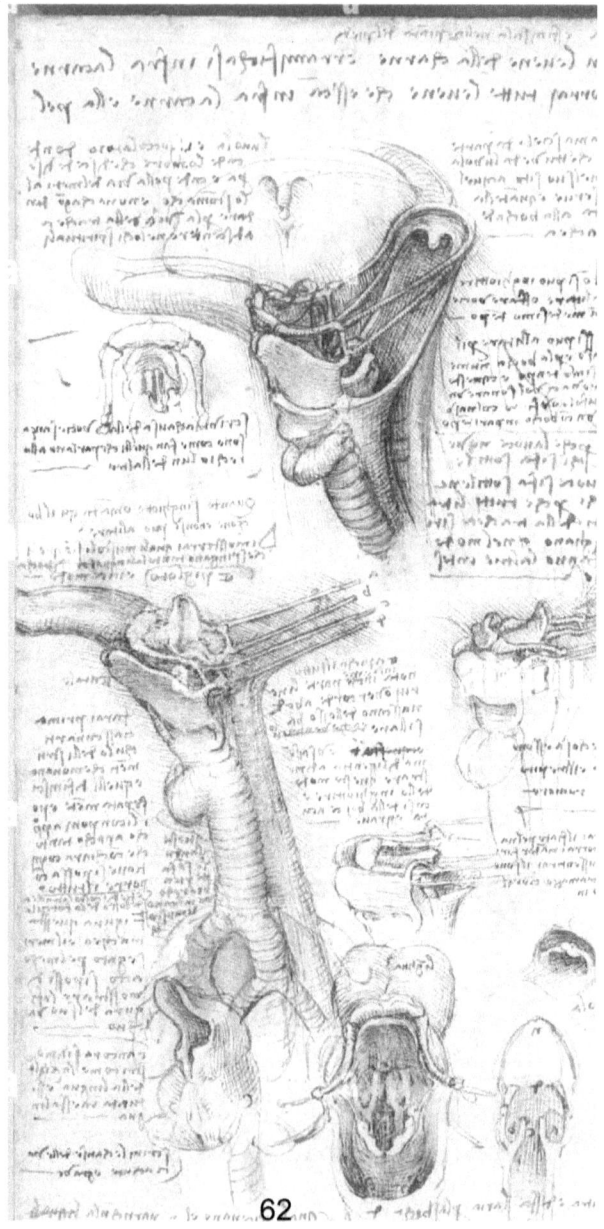

Cinco reglas generales.

Estás son cinco reglas generales que parten de las características del sonido y la naturaleza del cuerpo para emitir el sonido según lo que hemos conocido de la técnica, son todas condicionales y son las siguientes:

1 **Fuerza**: Entre más alta es una nota lleva mayor energía y frecuencia por unidad de espacio-tiempo. Por eso entre más alta sea una nota la emitiremos con mayor fuerza.

2 **Nasalización**. Dado el movimiento interno y la naturaleza de la resonancia es necesario dirigir el sonido hacia la máscara, por lo que se necesita nasalizar más. **Avanti la voce**. (Adelante la voz)

3 **Apertura**. Entre más alta la nota necesitamos abrir más la boca para adoptar la posición interna necesaria, los italianos decían *aperto ma coperto*. (Abierto pero cubierto)

4 **Relajación**. Entre más tensión sintamos hemos de buscar mayor relajación, ya que tanto la posición, los movimientos, cómo la intensidad del sonido nos llevan a tensar músculos, tensiones musculares que vienen. De tensiones psicológicas, o temores.

5 **Vibrato**. El Vibrato acomoda la voz. Hay muchas técnicas de Vibrato, pero la más adecuada es la que ocurre por efecto de la resonancia, haciendo vibrar el paladar suave y un conjunto de músculos, huesos y órganos por simpatía y

es emitida por el diafragma, imitando con el oído las vibraciones que escuchamos en cada frecuencia tonal. Entre más alto el tono mayor vibrato.

Por lo tanto, entre más alta es una nota, debe emitirse con la boca más abierta, con mayor relajación, con más fuerza, con más vibrato y de manera más nasal.

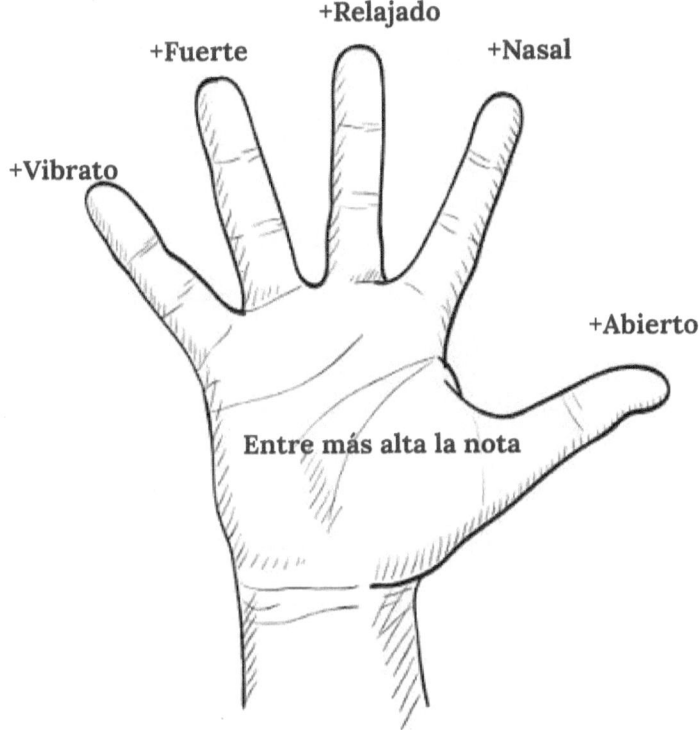

Ejercicios

Conceptos básicos de solfeo para los ejercicios de vocalización.

Expondremos los ejercicios básicos para cada una de las seis principales tipos de voces adultas. indicando al final los acordes para ir subiendo y bajando por semitonos en el rango que abarca cada tipo de voz adulta. En cada caso para una afinación en La 440hz. Todos los ejercicios se ejecutan de forma ascendente y descendente. siga la ilustración tomada del manual de música para ajustar a los rangos en la 432hz, con la cual ilustramos el capítulo de registros de la voz. Para mejor ejecución tome en cuenta el ciclo para vocalizar.

A continuación vemos un pentagrama, un conjunto de cinco líneas continuas para marcar sobre ellas, abajo o arriba notas, representadas por puntos. Esos puntos negros duran un pulso. Así que en un segundo normalmente se marcan dos pulsos por segundo. en el tik tok, tik tok. Aquí se muestra una escala de la nota Do 5 a la nota Do 6.

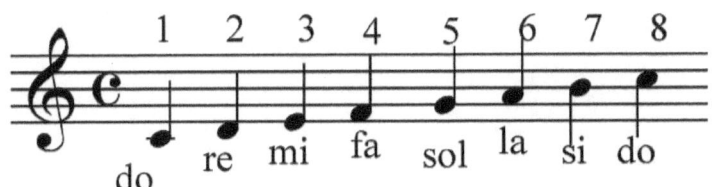

Ejercicios de vocalización básicos

Los siguientes ejercicios de vocalización son la base técnica fundamental para cualquier persona que desee utilizar su voz de manera efectiva, saludable y bella, sin importar su tesitura, o tipo de voz. Es decir funciona para cualquier persona. Las vocalizaciones se describen en una serie de partituras, donde se indica el rango de cada voz principal adulta indicando al final el rango que cubre el ejercicio en cada caso. Se ha procurado colocar el acento en la nota más alta, con la intención de inducir la mayor fuerza en correspondencia con las cinco reglas expuestas. Es decir, entre más alta sea una nota se emite con mayor fuerza. Para aquellos que no sepan leer música y aún les asusté abordarlas o les de vértigo los números símbolos desconocidos incluiré un mapa conceptual de cada ejercicio.

Si no sabes cual es tu tipo de voz, y no sabes cual ejercicio elegir, elige la voz media, es decir, Mezzosoprano o Alto, en el caso de las voces femeninas, y el Barìtono para el caso de las voces masculinas. De esta manera no te extenderás a los agudos ni a los graves de forma peligrosa, protegiendo tu voz momentáneamente. También te puede ayudar a guiarte en reconocer tu voz, prestar atención en las canciones que se te facilita interpretar, no importa el género que sea, encontrarás pistas, investigando la tesitura de ese cantante.

Sin embargo, esto puede ser un camino en falso. Lo más recomendable es tomar clases con un maestro de técnica vocal que te escuche, para lo cual amable lector, siendo de suma importancia que coincida su enseñanza con el núcleo principal de la tradición belcantista para lograr resultados semejantes a los aquí expuestos.

La siguiente cosa importante es que identifiques tus cambios de registro. En qué rango de notas predominan tus graves, donde está tu voz en el centro, y donde es necesario el predominio de la máscara.

Esta es la figura principal de los ejercicios. Usela para aquellos que aún no saben leer partitura en sus primeras lecciones para facilitar el seguimiento de los mismos.

Ejercicio de grados continuos y terceras en acorde mayor

			NI				NE				NI		
	NI		NI		NE		NE		NI		NI		
NI			NE					NI					NI

Ejercicio en tercera y cuarta en rango de una octava

			NI			NE			NI		
	NI	NI		NE	NE			NI	NI		
	NI		NI	NE		NE	NI		NI		
NI		NE			NI				NI		

El ciclo de la práctica vocal correcta

Consta de tres partes: el calentamiento, la práctica y el enfriamiento. Los puede ejecutar con un piano u otro instrumento para seguirlos o solicitarlos al autor en formato MP3 a su correo electrónico.

Los siguientes ejercicios están dentro de una escala diatónica (la más conocida) por saltos en grados conjuntos, por terceras, y hasta la octava, constituyen una primera etapa de los ejercicios básicos, para dominar el registro central.

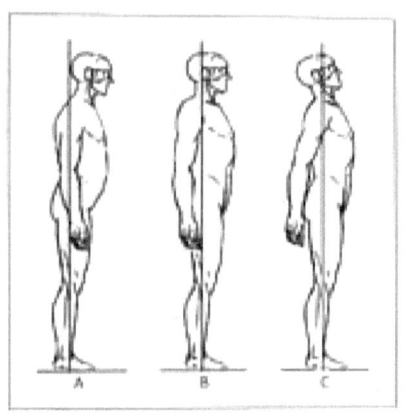
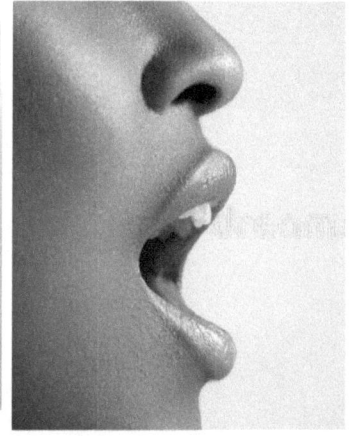

Es importante seguir todos los consejos, así como las comparativas entre una y otra afinación para no confundirse. Una vez dominados estos ejercicios en cada voz podremos empezar paulatinamente la siguiente etapa, conquistando paso a paso cada nota del registro agudo.

La posición para ejercitarse es erguida y relajada, cómo en la ilustración se marca con la letra B, mirando al frente intentando articular en cada fonema, abriendo y cerrando la boca, Usaremos los fonemas Ni, Ne, Ni. para iniciar y tratando de abrir la boca como solemos pronunciar la vocal A.. Si la voz se apretada, o se atora, usaremos No, NA, sustituyendo la las vocales cerradas.

Intenta siempre acentuar la nota más alta, apuntar tu fuerza en la nota más alta, así como no aflojar el diafragma al bajar.
El ejercicio es "staccato", es decir percutiendo cada nota. Puedes respirar siempre que sea necesario, no te preocupes si no te alcanza el aire al principio. Con la práctica podrás hacer cada ejercicio de un solo "fiato", es decir, de una sola respiración.

vocaliciacion 1
para las seis voses adultas La 440hz

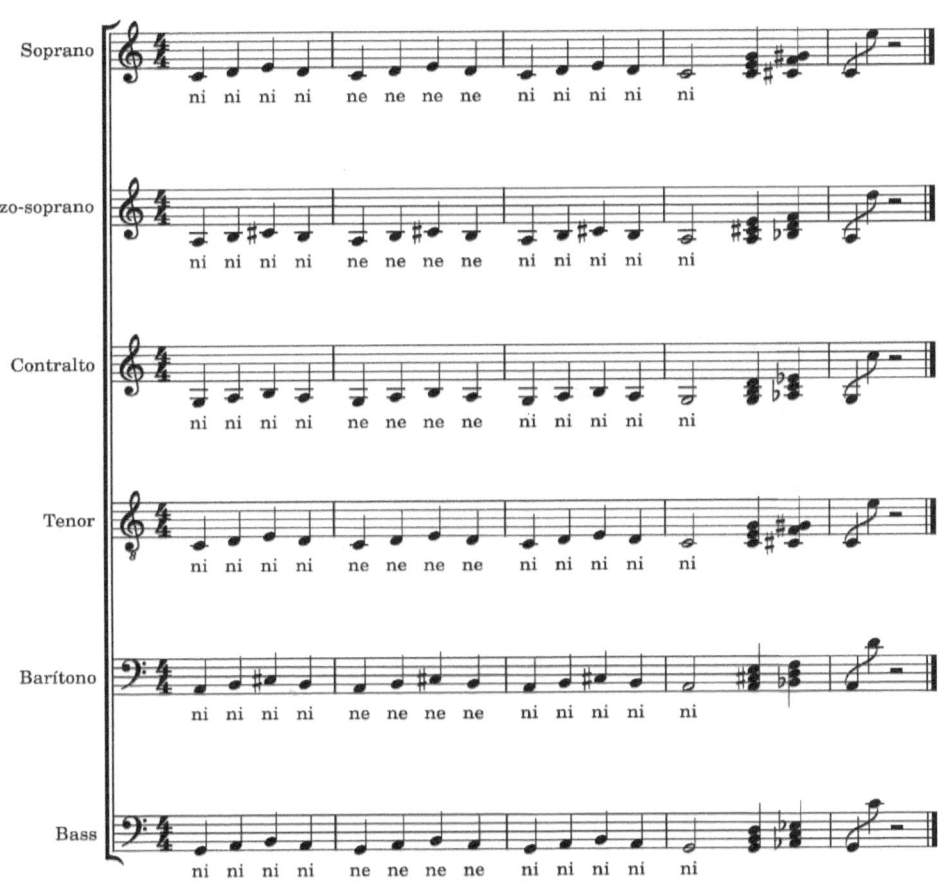

Vocalización 2
para las seis voses adultas La 440hz

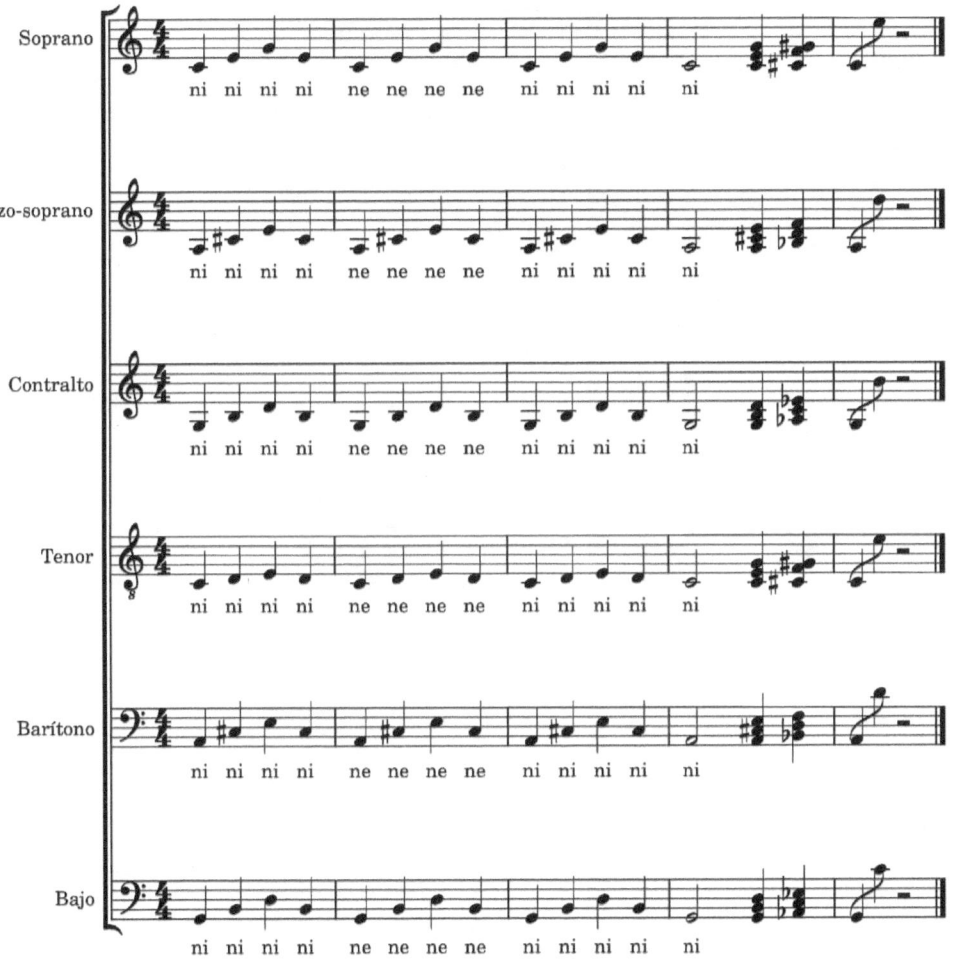

VOCALIZACIÓN 3
para las seis voses adultas La 440hz

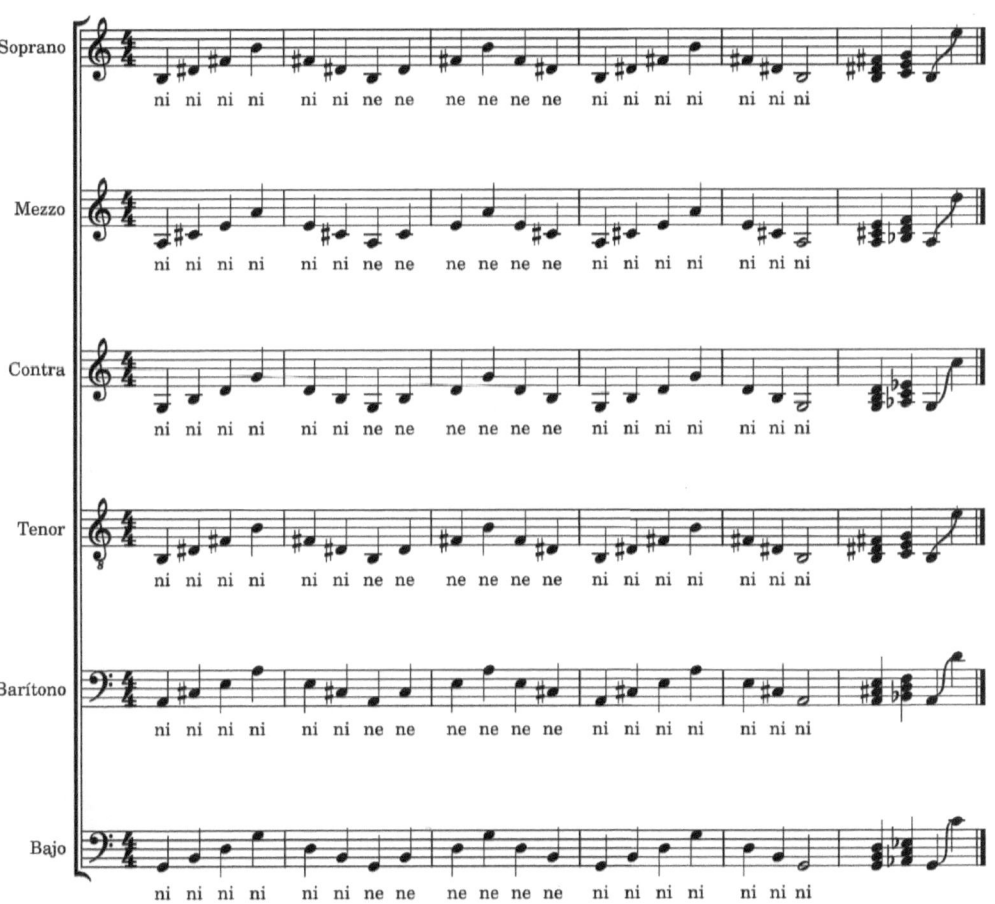

Vocalizacion 4
Equilibrio de la voz para las seis voses adultas La 440hz

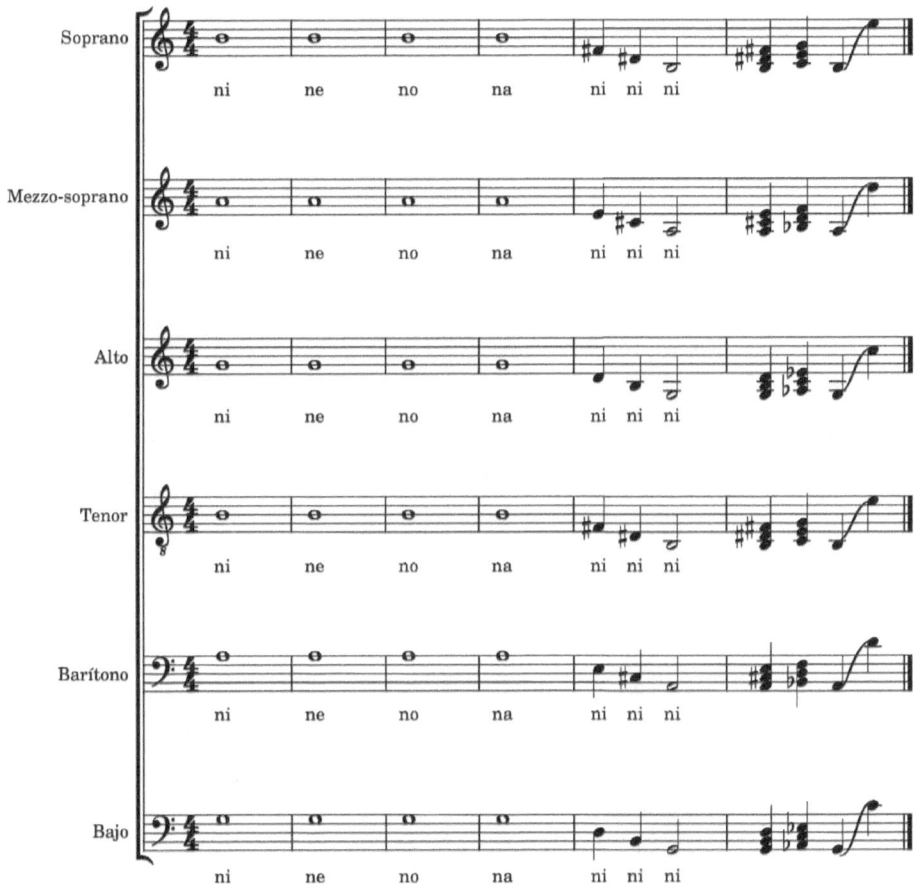

Notas para las vocalizaciones

Todos estos ejercicios están entre el registro grave y central de cada tipo de voz. Una vez dominados se puede abordar la segunda fase que son el desarrollo de las notas en el registro agudos.

Es importante que no se salte pasos. Si se presenta alguna molestia, es probable que la consonante "N" estè mal ejecutada, y se confunda con una posiciòn en la parte posterior de la lengua, asì que se recomienda cambiar la "N", por "L", "M", "D", "Pr", o "D". Cómo antes se dijo, estás consonantes las llamamos ataques,

pues definen una dirección y posiciones internas que auxilian en la práctica de vocalización a colocar el sonido en los resonadores de la máscara llevándolo a demás hacia el frente. En algunos casos se pueden sustituir por la R, cuya emisión requiere de hacer vibrar la lengua. Hacer vibrar la lengua ayuda, a la relajación también, así cómo a ubicar la dirección de la resonancia en cada nota.

Vocalización agudos 1

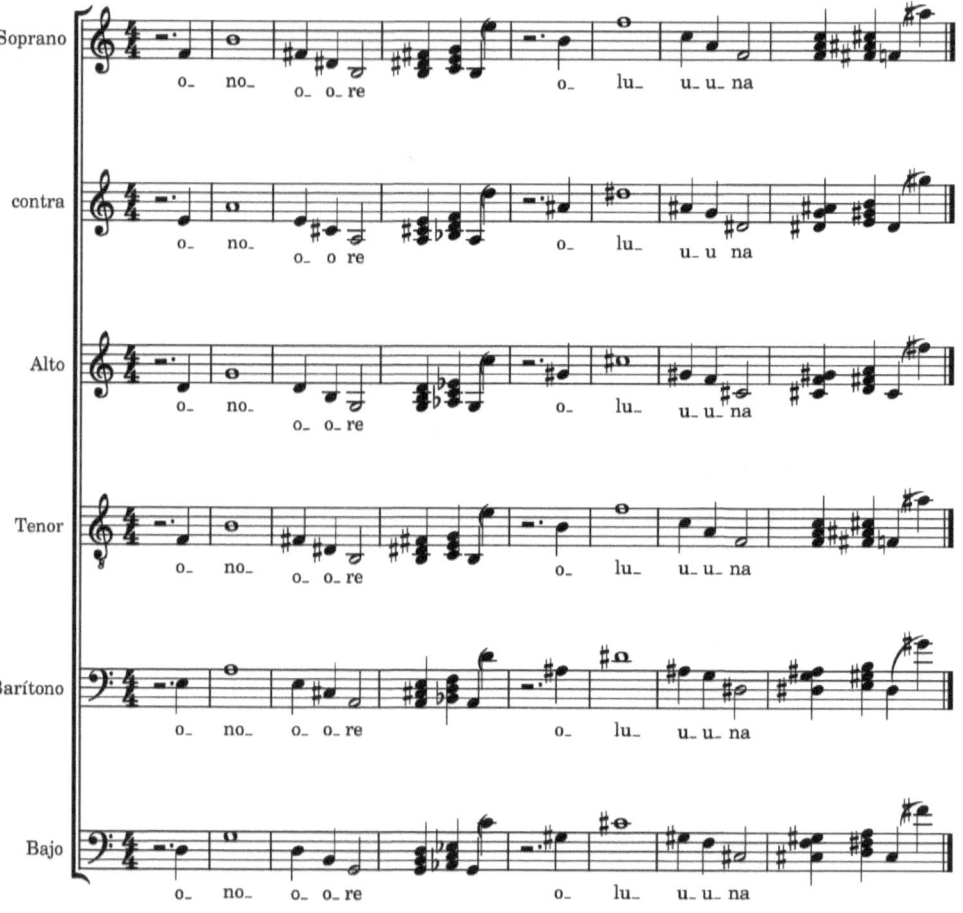

Higiene

En principio, el concepto de higiene viene de las costumbres que procuran la salud. La palabra se deriva del nombre de la diosa Higía, diosa de la limpieza, la sanación, la curación y la luna. Una buena técnica vocal es una de las principales garantías de salud vocal. Así, la técnica de impostación es, por sí misma el principal protector, que al seguir las indicaciones se evitarán lesiones, se harán eficientes todos los recursos energéticos y funcionales de los distintos aparatos que integran el proceso anatómico metabólico del canto, evitando resequedad, manteniendo la lubricación glandular por un periodo semejante a la duración hasta de un maratón completo sin requerir hidratación. Lo anterior si se está en condiciones generales de salud y si no presenta algún malestar crónico como: asma, reacciones alérgicas, gastritis crónica, hernia hiatal, síndromes de insuficiencia cardio respiratoria, enfermedades crónico degenerativas, etc...

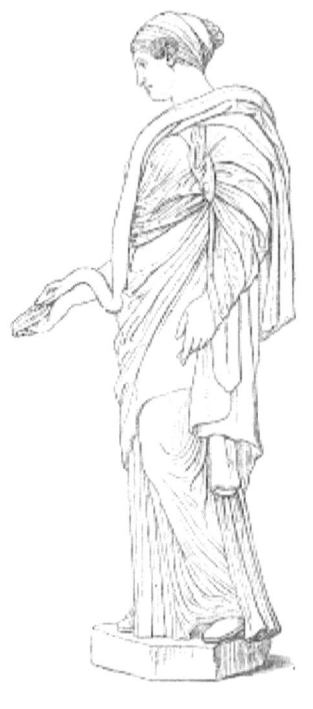

Podríamos resumir que los movimientos adecuados son resultado de los ejercicios adecuados y también dan como resultado la contribución a la salud vocal. Lo anterior ocurre como en cualquier disciplina de acondicionamiento físico.

Dicho lo anterior es necesario ahora, distinguir tres niveles de exigencia vocal para los cuales será correspondiente un nivel de prácticas de higiene distintas. Así tendremos en en primer grado a los cantantes que ejecutan con poca exigencia y por gusto, les llamaremos principiantes, en segundo lugar a los avanzados que tienen un interés de sacar repertorio específico y tienen la disposición de aprender aquellas piezas que sean afines al desarrollo personal de su voz, en tercer y último el profesional, que vive del uso de voz, no importando el género y la dificultad, sino que por la exigencia laboral tiene un uso más comprometido de su voz, por lo cual si quiere conservar su salud tendrá que extremar cuidados así cómo incrementar las prácticas de higiene correspondientes a el ambiente laboral en el que se desempeña.

Aquel que tenga el gusto por el canto y desee dedicarse de forma constante o profesional debe tener presente que es una actividad que requiere de cierto acondicionamiento físico. Por lo anterior se recomienda tomar clases distanciadas por un día de descanso. Es decir un día sí y otro no. De ésta manera maduraran el aprendizaje sin agotarse físicamente. También se les recomienda una alimentación sana, abundante en energía y con reposo. Se recomienda reposar la comida por lo menos 1 o 2 horas. porque el diafragma al cantar golpea al estómago, lo hace vibrar, lo presiona, en fin lo estimula y puede hacer que emita gases, o reflujo gástrico. Además absorbe en la digestión una gran cantidad de energía que extrae del torrente sanguíneo. Otra recomendación es evitar cantar en grupos cuando haya enfermedades respiratorias circulando, usar cubre bocas y evitar cambios bruscos de temperatura. Los cambios bruscos de temperatura debilitan la estabilidad del sistema inmunológico. En general se recomienda que informe al técnico vocal, o maestro de canto sobre padecimientos médicos para que pueda ajustar los ejercicios.

Para los avanzados habrá que sumar a las prácticas pasadas establecer horarios de prácticas prolongadas que requerirán a su vez descansos para recuperarse. Coordinar las prácticas vocales según el resto de actividades. Por ejemplo la actividad física total, no debe exceder 4 horas, así que si tienes un trabajo de 8 horas, y haces una hora de gimnasio, máximo haras tres horas de práctica vocal. Puedes distribuirlas en el día. Además se requerirá medir las horas de descanso, a un cuerpo cansado se le dificulta la reacción muscular. Cuando existan flemas o reflujo gástrico abundante se recomienda hacer gárgaras con agua tibia o con agua carbonatada, las burbujas ayudarán a disolver las flemas, y el agua mineral no es agresiva en términos de PH.
Para los que dependen de su voz económicamente, que ya son profesionales, es necesario hablar de la salud integral.

Salud integral médica

En principio cualquier persona puede cantar. Si ha seguido este libro tendrá las bases para hacerlo, sin embargo debe tener en cuenta que no siempre se tendrá una condición sana y favorable, ya sea por enfermedad o accidentes, agotamiento, etc., habrá, en algún momento que guardar reposo y dejar de cantar temporalmente. Por lo que se recomienda tener por hábito el cuidado de la salud personal y acudir al médico para llevar de la mano de él y el técnico vocal las terapias adecuadas para la recuperación ante algún padecimiento causado por cualquier causa tratable.

La salud médica, requiere de una buena alimentación, sana y balanceada; horarios de descanso y ejercicio, cuidado de no exponerse a cambios bruscos de temperatura o presión; la salud ambiental depende de la calidad del aire, el acceso a buena alimentación, adecuaciones acústicas de los espacios, la distancia a fuentes contaminantes tóxicas o radioactivas etc. La salud psicológica, del estudio de las obras a interpretar y su contexto, reflexiones sobre las emociones del personaje, del compositor, de la historia que trata y su propia historia. Del padecer del personaje y la composición artística con que se representa, de cómo representa a la humanidad en general y en tu propia época. Darle sentido a cada interpretación y darle sentido a tu propia vida como forjador que es uno mismo de ella.

Esto es por qué muchas veces no es una enfermedad lo que impide cantar, si no una afección psicóloga, que se consolida en un efecto somático, cómo tensión muscular, parálisis, pereza muscular, etc.

Rodearse de un ambiente de amistades que practican o gustan de está música, así como de las condiciones para practicarla harán la salud ambiental, en el sentido que lo hemos tratado antes. Y me refiero a que muchos son rechazados por razones ajenas al potencial que cada uno tiene para cantar y participar en la interpretación de diversas obras. Desanimados, desestiman sus capacidades reales y se alejan de este arte. Por eso dedico estás líneas a ellos. Aquel que se dedique a enseñar mostrará su vocación si se enfoca en cada uno de los integrantes de sus ensambles vocales, buscará los fundamentos para llevarlos por el camino del descubrimiento de y desarrollo de los talentos de cada alumno. Pero aquel que vive de esto, deberá encontrar aliento en el espíritu filosófico que trasciende las épocas y constituye el soplo que permite sobrevivir a la humanidad.

Anexos

Biografía

Maestro José G. Briano
Nació en Villa García, Zacatecas y comenzó sus estudios vocales con el reconocido profesor Fausto de Andrés y Aguirre, Director Vitalicio del Conservatorio de Puebla. Posteriormente llegó a la ciudad de México para continuar sus estudios con el Maestro Ángel R. Ezquivel.

Formó parte de la Academia de Ópera de Bellas Artes, donde estudió con maestros como Uberto Mugnai, Guido Picco, Uberto Znolli, Carlos Díaz Dupont, Eduardo Hernández Moncada.
Años después formó parte de la Sociedad Coral Universitaria dirigida por el Profesor Juan D. Tercero quien por muchos años fue su asesor musical y un entrañable amigo.
Copista de la Escuela Nacional de Música, donde estudió de 1968 a 1977 y obtuvo su título como Licenciado en Canto. Obtuvo los tres títulos que otorgaba el Conservatorio de Música y Declamación del Estado de Puebla: Profesor de Música Elemental Cantante, Profesor de Música Cantante y Profesor de Música Superior Cantante, que le permitieron comprobar lo necesario para ganar el examen de oposición para la cátedra de canto de la Universidad Nacional Autónoma de México donde impartió clases por más de 23 años.

En 1982 llegó a México en líder político estadounidense Lyndon Larouche y su esposa, la alemana Helga Zepp-Larouche, quienes asistieron a un concierto que brindó en el Hotel Reforma, ambos quedaron impactados por su actuación y le propusieron impartir clases en el Instituto Schiller que tiene diferentes sedes en todo el mundo, a esto se debe que el maestro Briano haya impartido clases en los Estados Unidos y Europa.

Impartió clases en su estudio en la Ciudad de México hasta el año 2016. Por más de 15 años viajó a la ciudad de Aguascalientes como lo hiciera su maestro Fausto de Andrés y Aguirre para formar nuevas generaciones de cantantes.

OBITUARIO

Lyndon H. LaRouche, Jr.
(1922-2019)

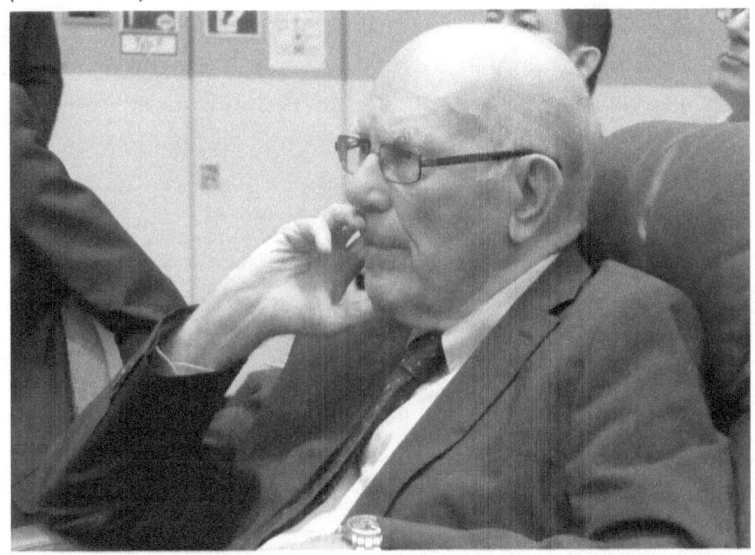

21 de febrero de 2019 (EIRNS) -- El economista y estadista estadounidense Lyndon H. LaRouche, Jr., quien compiló entre 1957 y 2007 el registro más preciso de pronósticos económicos en el mundo, falleció el 12 de febrero de 2019. Autor de miles de artículos y más de 100 libros y opúsculos, y estudios estratégicos, LaRouche fue uno de los personajes políticos más controvertidos en toda la historia de Estados Unidos.

Uno de los motivos de esto fue la altiva, vigorosa y perdurable campaña presidencial de LaRouche desde 1976 a 2004, para restablecer el autogobierno constitucional estadounidense luego de los asesinatos de John F. Kennedy, Malcolm X, Martin Luther King, Jr., y de Robert F. Kennedy, entre 1963 y 1968. Otro motivo fue la fundación exitosa de un servicio noticioso independiente y una capacidad de recopilar inteligencia que le permitió a él y a sus asociados una capacidad de hacer evaluaciones sin filtros, lo cual les facultó para informar de manera precisa sobre el verdadero estado de la economía estadounidense, y a menudo, la verdadera naturaleza de los procesos políticos nacionales e internacionales, de otra manera misteriosos.

LaRouche creó también una asociación filosófica internacional, basada en la recreación del conocimiento sobre la controversia milenaria entre la tradición platónica y la escuela de Aristóteles, la pelea entre el modelo de Estado republicano y el sistema oligárquico del imperio.

LaRouche se extendió fuera de Estados Unidos como fruto del exitoso reclutamiento de cientos de estudiantes politizados de muchas naciones, en particular de Europa, Canadá y de Centroamérica y Sudamérica. Esta intelectualidad auto seleccionada le dio el poder de originar e implantar cambios políticos mediante el despliegue de unidades modestas pero bien entrenadas y extremadamente bien informadas que catalizaron fuerzas más grandes en varias naciones para actuar en veces como "una mente a través de muchos continentes".

LaRouche era conocido porque insistía en que todo ciudadano de Estados Unidos, al igual que los ciudadanos de cualquier nación soberana, tienen la responsabilidad de educarse a sí mismos en las cuestiones fundamentales de la política que afectan el futuro de sus naciones y de la humanidad, para proponer y defender solo aquellas políticas que "promueven el bienestar general nuestro y de la posteridad", y para derrotar las medidas financieras depredadoras dictadas en procura de medidas racistas de despoblación, algunas veces disfrazadas de "ambientalismo" o "desarrollo sustentable", dirigidas en particular contra las naciones de África, Asia y de Centroamérica y Sudamérica.

Aunque personalidades e instituciones prominentes del mundo han comenzado recientemente a informar sobre LaRouche, a pesar de haber sido uno de los escritores más prolíficos de Estados Unidos, ningún "medio informativo" se ha atrevido todavía a citar las verdaderas opiniones de Lyndon LaRouche sobre cualquier asunto político o programático por el cual se destacaba. Este miedo a LaRouche es notable, pero no es nuevo. Ha sido siempre cierto que sus oponentes temían profundamente el poder de las ideas de LaRouche, tanto o más que a la persona de LaRouche. Ese miedo no se calmará con su desaparición física.

Las Cuatro Leyes de LaRouche, su propuesta para alcanzar un Acuerdo de las Cuatro Potencias, entre Estados Unidos, Rusia, China e India, su invención de la Iniciativa de

Defensa Estratégica (SDI en sus siglas en inglés) de 1983, anunciada por el entonces Presidente Ronald Reagan, su defensa singular durante de la energía de fusión termonuclear durante cinco décadas, no se puede permitir que se mencionen en los "medios dominantes" hoy en día, ni siquiera en la ocasión de la muerte de LaRouche. Si el pueblo estadounidense llegase a conocer ahora sobre esas propuestas, y por lo tanto, de lo que han sido privados por la conspiración de silencio impuesta en décadas en torno a LaRouche, en particular durante las crisis financieras y las inútiles guerras depredadoras de los últimos 15 años, llegaría de inmediato a la conclusión de que alguien ha estado tratando muy enérgicamente todos estos años de mantenerlos alejados de las ideas de Lyndon LaRouche.

"Es un tipo malo, pero no te podemos decir por qué", ya no será suficiente como explicación para estas personas, de por qué no deben, incluso ahora, saber "quién es Lyndon LaRouche". Al romper con éxito los confines de las noticias falsas en este momento, se puede escuchar finalmente al verdadero Lyndon LaRouche y llegar a conocerlo. Con ese fin, se ofrece la siguiente reseña breve, muy incompleta, de su vida y de su obra.

El desarrollo de un estadista mundial

LaRouche se afirmó durante más de cuatro décadas como el principal enemigo del sistema imperial británico, tanto en su forma previa a la Segunda Guerra Mundial como en su encarnación de la Mancomunidad de la posguerra.

LaRouche prestó servicio en la Segunda Guerra Mundial, y en particular su experiencia en Birmania fue decisiva en lo personal. "Fue la experiencia en Calcuta, en 1946, lo que definió mi compromiso de principios, durante toda mi vida, de que Estados Unidos debía tomar el liderato mundial en la posguerra para establecer un orden mundial dedicado a fomentar el desarrollo económico de las que hoy se llaman 'naciones en desarrollo'|", escribió LaRouche en su autobiografía El poder de la razón:1988. LaRouche comenzó a dar batalla a los "teóricos de la economía política" y a los traficantes de esclavos de la Compañía de Indias Orientales británica de los tiempos modernos, cuyas teorías dominaban los departamentos de economía de las universidades estadounidenses después de la Segunda Guerra Mundial.

LaRouche se oponía ferozmente al concepto bestial del hombre que defienden Francis Bacon, Thomas Hobbes, Parson Thomas Malthus, y John Locke. Por lo contrario, LaRouche restableció la ciencia de la economía física en Estados Unidos, una ciencia inventada en 1672 por el filósofo alemán Gottfried Leibniz, inventor del cálculo y coinventor de la máquina de vapor. Durante un intenso período de estudio entre 1948 y 1952, LaRouche avanzó sus estudios independientes en la ciencia física para desarrollar su método de pronóstico económico. En el libro de 1983, LaRouche: Will This Man Become President? (LaRouche: ¿Llegará a ser Presidente este hombre?) se señala: "Lo que reconoció LaRouche primero en 1952, fue que al adoptar un concepto de energía que fuese cabalmente congruente con la disertación de [Bernhard] Riemann de 1854, 'Sobre las hipótesis en que se fundamenta la geometría', es posible medir la tecnología y el crecimiento económico en términos de la energía definida de ese modo. En la obra de LaRouche, el valor económico, el crecimiento económico real, se mide primordialmente en términos del aumento de la densidad relativa potencial de población de la sociedad".

Pero LaRouche veía el conjunto de su trabajo sobre economía física como la expresión específica de una tarea epistemológica más profunda. En su artículo de 1988 "Beethoven as a Physical Scientist" (Beethoven como científico físico) LaRouche escribe:

"Mis descubrimientos más importantes, en todos los campos en los que he contribuido, se basan en mi refutación exitosa de la famosa paradoja kantiana que Emanuel Kant reafirma en su Crítica de la facultad de discernir. Kant afirma dos cosas que son pertinentes aquí.

"Primero, insistía en que, aun cuando existen los procesos creativos responsables de los descubrimientos científicos fundamentales válidos, estos procesos propiamente están fuera de todo entendimiento humano posible. Yo demostré que eso es falso, y a partir de esa prueba desarrollé un enfoque para la representación inteligible de esos procesos creativos, y por consiguiente la medición implícita del progreso tecnológico como tal.

"Segundo, sobre la base de la primera suposición, Kant argumentaba que no había ningún criterio inteligible de verdad o de belleza en la estética. La tolerancia que se ha ganado de manera generalizada a todo el irracionalismo moderno en materia de arte, ha dependido de la aceptación alemana y demás, de esta tesis sobre la estética, adelantada por Kant y posteriormente por Friedrich Carl von Savigny".

La naturaleza fecunda de los escritos de Lyndon LaRouche, en los campos de la música, la economía, historia, lenguaje y en las ciencias físicas, inspiró muchas colaboraciones e intercambios con gente de todo el mundo. Más importante. LaRouche fue un estadista, no un político, un practicante del arte de gobernar, en el sentido socrático ateniense. Creó diversas organizaciones a través de la enseñanza, empezando con una serie de disertaciones en 1966, mediante las cuales presentó y debatió su método de prognosis económica, en especial en los campus universitarios. Muchos se encontraron por primera vez con LaRouche en un lado de algún debate con las autoridades en economía y política del campus en la década de 1970. Esto se detuvo luego del famoso debate de LaRouche con el economista Abba Lerner en 1971, quien perdió luego de admitir que si las políticas de austeridad del Ministro de Finanzas alemán Hjalmar Schacht, se hubiesen implementado en la década de 1920, "Hitler no hubiera sido necesario". A los pocos meses, ya no se podía encontrar a nadie que debatiera con LaRouche, y nunca más se realizó algún debate semejante.

Las disertaciones de LaRouche sobre lo que en ese entonces se conocía como "economía dialéctica", fueron eso precisamente, diálogos entre LaRouche y personajes de la historia, filósofos, economistas y científicos, que él presentaba con la precisión de buen narrador, siempre sin notas, y a menudo sin ningún libro a la mano. Los estudiantes recibían un plan de estudios y una extensa bibliografía como material de lectura, con lecturas sugeridas cada semana. Un estudiante recuerda que "se comentaban pasajes de una obra la Crítica de la Razón Práctica de Kant, por ejemplo. Se nos pedía que la leyésemos. Si lo hacías, y llegabas a la clase a la semana siguiente, él exponía su idea sobre ese pasaje, que era persuasivo y preciso. Luego procedería a destruirlo parte por parte, y como ya lo habías leído, y lo habías aceptado, tenías que descubrir las falacias que se escondían en el fondo de tu mente. Él te demostraba la diferencia entre leer y pensar. No eran clases: eran soliloquios. Y fue así como nos interesamos".

La principal organización de LaRouche fue la Junta Nacional (luego Internacional) de Comités Laborales, una asociación filosófica organizada en torno a un "sistema de conferencias", que se realizaban generalmente dos veces al año. De esta asociación salieron muchas otras organizaciones, como la Fusion Energy Foundation (Fundación de Energía de Fusión), el U.S. Labor Party (Partido Laboral de Estados Unidos), el Comité Nacional Programático Demócrata, la Coalición Antidrogas, y otras.

LaRouche fundó también y trabajó con organizaciones en Francia, Alemania, Italia, Suecia, Canadá, Dinamarca, México, Colombia, Perú, Venezuela, Australia y muchas otras naciones.

En diciembre de 1977, LaRouche se casó con Helga Zepp, de Alemania, quien posteriormente creó el Instituto Schiller, una institución programática para el fomento del arte de gobernar y el renacimiento de la cultura clásica.

"En el otoño de 1977, le sugerí que nos casáramos... Me sentí un poco sorprendido, pero gratamente, cuando ella aceptó.... No había nada común y corriente sobre las vidas de ninguno de nosotros, ni era probable que fuese a ser de otro modo. Nos casamos en Wiesbaden el 29 de diciembre de 1977. La ceremonia fue en alemán; el funcionario del Standesamt (el Registro Civil alemán) me preguntó en alemán si sabía yo lo que estaba sucediendo. Hubo risas por la pregunta entre mis amigos las semanas después". Estuvieron casados por 41 años.

La naturaleza combativa y el estilo polémico de las campañas, electorales y no electorales, de LaRouche y sus asociados, eran únicas en la vida política estadounidense en las décadas de 1970, 1980 y 1990. El programa de media hora de LaRouche por TV en 1976, "Llamado de emergencia a la nación", fue la primera vez que un candidato independiente compraba esa cantidad de tiempo en la televisión en una campaña electoral federal de Estados Unidos. LaRouche apareció en la televisión 15 veces durante la campaña Presidencial de 1984 en segmentos de media hora, con lo cual prácticamente inventó lo que sería imitado posteriormente como el "infomercial". Las campañas presidenciales de LaRouche, y las candidaturas de sus asociados, de los cuales hubo 1000 candidatos para cargos diversos tan solo en 1986, aterrorizaron a los oponentes de LaRouche en Estados Unidos, y inspiraron a otros para tener el valor no solo de participar en elecciones, sino para respaldar los programas diseñados para beneficio de la humanidad, no meramente para "su humilde choza local".

Uno de estos programas fue el Banco de Desarrollo Internacional (BDI), una propuesta que hizo LaRouche en 1975 para reemplazar al Fondo Monetario Internacional, y para ayudar a desarrollar lo que se denominaba "el Tercer Mundo" para poner a su disposición las exportaciones, no solo de tecnología estadounidense, sino ciudades enteras. Estas ciudades se construirían como sitios de capacitación para el desarrollo rápido de las capacidades de las poblaciones del sector en desarrollo, para posibilitarlas a crear sus economías propias plenamente, en vez de convertirlas en esclavas de una deuda eterna como ocurría de hecho.

Personalidades como Frederick Wills, ex Ministro de Relaciones Exteriores de Guyana, quien defendió la propuesta del BDI de LaRouche en una sesión de las Naciones Unidas en 1976. El Presidente de México, José López Portillo, y la Primera Ministra de India, Indira

Gandhi, se reunieron con Lyndon y Helga LaRouche y adoptaron aspectos de sus propuestas, muchas de las cuales se presentaron en forma de opúsculos, como "Operación Juárez" para México y "La industrialización de India: del atraso a potencia industrial en 40 años", y "Un programa de desarrollo de 50 años para la cuenca de los Océanos Índico-Pacífico", todos estos, documentos escritos por LaRouche a principios de la década de 1980, y cuya perspectiva central es todavía vigente, no solo para el día de hoy sino para la próxima década o más.

El método poco ortodoxo para diseminar estas ideas de LaRouche, era socrático: hablar con las personas uno a uno. Esta actividad organizativa diaria en las calles se daba en los centros de desempleo, en las oficinas de correo, aeropuertos, intersecciones de tráfico, en las esquinas, en el centro de las ciudades, en los centros comerciales. Este contacto directo con la población estadounidense tuvo como fruto el que LaRouche tuviese una mejor percepción de lo que sucedía en Estados Unidos, "desde el terreno mismo", que cualquier otra fuerza política del país. Los elementos corruptos del Departamento de Justicia, y sus "organizaciones dizque no-gubernamentales", que recibieron la luz verde para perturbar ilegalmente el derecho a organizar, garantizado constitucionalmente, de los asociados de LaRouche, tuvieron que recurrir a la artimaña de caracterizar a la organización como "secta", con el fin de disuadir a los ciudadanos a que dejasen de contribuir a las compañías asociadas al movimiento político de LaRouche.

Pero ninguno de los detractores de LaRouche es capaz de negar su récord de pronósticos económicos exitosos, empezando con el colapso del Sistema de Bretton Woods el 15 de agosto de 1971, y luego el derrumbe del mercado de valores de Wall Street en octubre de 1987 (que LaRouche pronosticó en mayo de ese año), y su pronóstico del 22 de julio de 2007, registrado en el formato de una videoconferencia, de lo que más tarde devino en el "rescate financiero de los billones de dólares" de septiembre de 2008. Sin embargo, algunos de los pronósticos más impresionantes de LaRouche, no fueron económicos, hablando estrictamente. El 12 de octubre de 1988, Día de la Raza, Lyndon LaRouche dijo desde un salón del Hotel Bristol Kempinski, en Berlín:

"De profesión, soy economista en la tradición de Gottfried Wilhelm Leibniz y Friedrich List, de Alemania, y de Alexander Hamilton y Mathew y Henry Carey, de Estados Unidos. Mis principios políticos son los de Leibniz, List y Hamilton, y también son congruentes con los de Federico Schiller y Wilhelm von Humboldt. Al igual que los fundadores de mi república, tengo una creencia inflexible en el principio de la soberanía absoluta de los Estados nacionales, y por lo tanto me opongo a toda autoridad supranacional que pudiese socavar la soberanía de cualquier nación. Sin embargo, como Schiller, yo creo que toda persona que aspira a llegar a ser un alma bella, debe ser al mismo tiempo un verdadero patriota de su nación, y también un ciudadano del mundo.

"Por este motivo, durante los últimos 15 años he llegado a ser un especialista en los asuntos exteriores de mi país. Como resultado de este trabajo, he adquirido una significativa influencia cada vez mayor entre algunos círculos alrededor de mi gobierno sobre los temas interconectados de la política y estrategia exterior de Estados Unidos. Mi papel durante 1982 y 1983 en la colaboración con el Consejo de Seguridad Nacional de Estados Unidos para forjar la adopción del programa conocido como Iniciativa de Defensa Estratégica, o 'SDI' [por sus siglas en inglés], es un ejemplo de esto. Aunque los detalles son confidenciales, les puedo informar que mis opiniones sobre la situación estratégica actual tiene más influencia en Estados Unidos hoy que en cualquier otro momento del pasado. Por lo tanto, les puedo asegurar que lo que les presento ahora, sobre el tema de la perspectiva de la reunificación de Alemania, es una propuesta que será estudiada de la manera más seria por los círculos pertinentes de las instituciones dentro de Estados Unidos. Bajo las condiciones apropiadas, muchos coincidirán hoy, que ha llegado el momento para dar los primeros pasos hacia la reunificación de Alemania, con la perspectiva obvia de que Berlín pueda reanudar su papel como la capital".

Objetivo para la destrucción

Dos días después de su discurso en el Hotel Kempinski, se emitieron acusaciones judiciales en contra de Lyndon LaRouche y varios asociados. LaRouche habló luego sobre la acusación en el Club Nacional de Prensa, de Washington, DC, en donde declaró: "Uno podría decir de la acusación misma, que todos aquellos que perpetren ofensas contra Dios, o contra la humanidad, o contra ambos, son castigados tarde o temprano". Las acusaciones se hicieron dos años después de un intento de asesinato contra LaRouche el 6 de octubre de 1986, de lo cual escribió LaRouche en su escrito titulado "¡'¡Condenarlo o mátenlo!' La noche que vinieron a matarme", lo siguiente:

"El 6 de octubre de 1986, un ejército prácticamente de más de cuatrocientos efectivos armados descendió sobre el pueblo de Leesburg, Virginia, para realizar el allanamiento de las oficinas de EIR y sus asociados, y desplegados también para otro misión, más tenebrosa. El recinto en donde yo residía en ese momento fue rodeado por una fuerza armada, mientras que las aeronaves, los vehículos blindados y demás personal esperaba la orden para avanzar disparando. Afortunadamente, el asesinato no sucedió, porque alguien con mayor autoridad que William Weld, el jefe de la división penal del Departamento de Justicia, ordenó detener el ataque en mi contra. Las fuerzas que estaban listas para lanzarse sobre mí, mi esposa y varios de mis asociados, fue retirada en la mañana.

"Este fue el segundo caso plenamente documentado de una participación del Departamento de Justicia de EU en operaciones dirigidas a mi eliminación personal de la política".

Aunque LaRouche y otros seis fueron declarados culpables en un tribunal de Alexandria, Virginia, en diciembre de 1988, y fueron llevados a prisión el 27 de enero de 1989, el clamor nacional e internacional contra esas condenas injustas sigue hasta el día de hoy. El ex Procurador General de Estados Unidos, Ramsey Clark, caracterizó el caso de LaRouche como un caso que "involucra una gama enorme de malicia deliberada y de conducta indebida durante un largo período de tiempo en el uso del poder de los recursos del gobierno federal, que cualquier otro encauzamiento del gobierno de Estados Unidos en mi tiempo o en mi conocimiento". El expediente publicado por la revista Executive Intelligence Review en septiembre de 2017, "Robert Mueller Is an Amoral Legal Assassin: He Will Do His Job If You Let Him" (Robert Mueller es un asesino judicial amoral. Él hará su trabajo si lo dejas) repasa de manera abarcadora cómo el actual fiscal especial contra Donald Trump fue un componente de la persecución política contra Lyndon LaRouche en la década de 1980.

Durante el tiempo que pasó en prisión, LaRouche siguió escribiendo, pero a menudo dictaba capítulos enteros de los manuscritos de un libro en llamadas telefónicas, de nuevo sin tener a la mano libros de referencia de ningún tipo. Además de la colección titulada The Science of Christian Economy and Other Prison Writings, (La ciencia de la economía cristiana y otros escritos en prisión) LaRouche escribió o grabó muchos otros documentos, algunos de los cuales han sido compilados junto con otros escritos no publicados antes.

Durante 1989, en la medida en que se hacía patente que la esfera del Consejo de Ayuda Mutua Económica (CAME) de la Unión Soviética pasaba cada vez por mayores dificultades económicas, LaRouche y su esposa Helga unieron esfuerzos en torno a un programa llamado "Triángulo Productivo París, Berlín, Viena", que después de la desintegración de la Unión Soviética se amplió para llegar a ser el "Puente Terrestre Eurasiático". Después de la eliminación de la Cortina de Hierro, este programa proponía la integración de la población y de los centros industriales de Europa con los de Asia a través de los llamados corredores de desarrollo. Este fue el único plan de paz integral para el siglo 21 que se presentó en ese momento, una opción que fue combatida ferozmente por los británicos y los neoconservadores anglófilos en Estados Unidos, que por lo contrario, empujaron su programa de un mundo unipolar y de su sistema neoliberal. El Puente Terrestre Euroasiático, desde muy al principio, se conoció como "La Nueva Ruta de la Seda". Dos décadas más tarde, la Iniciativa de la Franja y la Ruta china, que se deriva de este concepto, se ha convertido en el motor fundamental de la economía física mundial.

Miles de vidas cambiadas

En cuanto salió de prisión en el 26 de enero de 1994, LaRouche continuó en su carrera de pronosticador. En 1995 desarrollo su pedagogía de la "Triple Curva" para ilustrar al público lego en economía cómo se había apoderado del mundo transatlántico el proceso de "hiperinflación al estilo de la Alemania de Weimer", y qué tanto lo había saqueado que ya no se podía hacer nada para preservar al sistema monetario dominante. Se tendría que reorganizar desde arriba a abajo, echando mano de la Ley Glass-Steagall de la era del Nuevo Trato de Franklin Roosevelt, para empezar el proceso de reorganización bancaria. En enero de 2001 advirtió del peligro de un ataque terrorista violento en una o más ciudades estadounidenses, y ubicó esta advertencia en el contexto de explicar por qué y cómo había entrado el sistema financiero en una fase de una "burbuja de alta tecnología" durante el período de 1999-2000.

LaRouche habló de la posibilidad de un "incendio del Reichstag", a la luz de la ingobernabilidad emergente de Estados Unidos bajo las condiciones de ruina económica cada vez más profunda. Y como en su pronóstico de mayo de 1987 sobre el derrumbe del mercado de valores en octubre de 1987, el 22 de julio de 2007 LaRouche señaló, un año antes de la quiebra de Lehman Brothers, y la AIG de septiembre de 2008:

"El sistema financiero monetario mundial se encuentra ahora en realidad en proceso de desintegración. No hay nada de misterioso al respecto; he hablado sobre esto desde hace tiempo, ha estado en marcha, no ha amainado. Lo que se cotiza como valores de las acciones y valores del mercado en los mercados financieros internacionales ¡una patraña! Son puras creencias ficticias. No hay nada de verdad en ello, la farsa es enorme. No hay posibilidad de que no haya un colapso del sistema financiero actual, ¡ninguna! Se acabo, ¡ya!

"El sistema financiero actual no puede seguir existiendo bajo ninguna circunstancia, bajo ninguna Presidencia, bajo ningún liderato, ni cualquier liderato de naciones. Solo un cambio repentino y a fondo del sistema financiero monetaria mundial impedirá una especie de colapso en reacción en cadena general e inmediata. A qué velocidad, no sabemos; pero seguirá, y será imparable. Y entre más dure antes de terminar, las consecuencias serán peores".

Como es evidente a partir del pronóstico anterior, hecho a los 84 años de edad, LaRouche no solo siguió siendo singularmente productivo. A la vuelta del milenio, LaRouche impulsó un movimiento para reclutar jóvenes, un movimiento que llegó a ser tan exitoso que el Partido Demócrata intentó cooptarlo en varias partes del país. Miles de jóvenes pasaron por este proceso educativo. El Movimiento de Juventudes LaRouchistas realizó contribuciones revolucionarias en la presentación de la obra del físico Johannes Kepler, en la práctica del método clásico del bel canto, para la educación secundaria en la escuela y como antídoto a la autodegradación cultural; y en la presentación de la historia de Estados Unidos, tanto la historia actual (en vez de los "sucesos actuales" o el término más degradado aún, "noticias") en formato de video, como el programa 1932.

Desde el momento de su surgimiento como personaje público desde hace más de 50 años, la única tragedia que caracterizó la vida de Lyndon LaRouche es que nunca se le permitió llevar a cabo, ya sea como Presidente o como asesor al Presidente en turno, las reformas económicas que hubiesen mejorado las vidas de decenas de millones de estadounidenses y cientos de millones de personas en todo el mundo.

Aunque Lyndon LaRouche tiene muchos amigos que fueron líderes en los campos de la ciencia, la música, la economía y la política, su mejor amigo, además de su esposa Helga, fueron los hombres y mujeres olvidados de Estados Unidos y muchos otros países.

Colofón

"**Cuando todas las cajas de resonancia funcionan simultáneamente mediante la llamada conexión se adquiere la mejor voz del cantante**".

Esta diminuta definición está repleta de conceptos escondidos a desentrañar de los cuales hablaremos más adelante, pero, así, tal cual, es como un mantra que puede repetirse para aclarar cualquier duda o el error en el que se incurra al cantar.

www.ingramcontent.com/pod-product-compliance
Lightning Source LLC
Chambersburg PA
CBHW031434210526
45464CB00005B/2200